国家出版基金项目
NATIONAL PUBLICATION FOUNDATION

新时代立德树人理论探索书系 檀传宝 主编

网络社会中青少年社会规范认同研究

孔祥渊 著

浙江教育出版社·杭州

图书在版编目（CIP）数据

网络社会中青少年社会规范认同研究 / 孔祥渊著.
-- 杭州 : 浙江教育出版社, 2021.7
（新时代立德树人理论探索书系）
ISBN 978-7-5722-2361-7

Ⅰ. ①网… Ⅱ. ①孔… Ⅲ. ①互联网络－关系－青少年－道德规范－研究－中国 Ⅳ. ①D432.62

中国版本图书馆CIP数据核字(2021)第169139号

新时代立德树人理论探索书系
网络社会中青少年社会规范认同研究
WANGLUO SHEHUI ZHONG QINGSHAONIAN SHEHUI GUIFAN RENTONG YANJIU
孔祥渊　著

责任编辑：冯　岩　潘俊丽
美术编辑：韩　波
责任校对：张静雅　何黎峰
责任印务：陈　沁
出版发行：浙江教育出版社
（杭州市天目山路40号　电话：0571-85170300-80928）
图文制作：杭州林智广告有限公司
印刷装订：杭州富春印务有限公司
开　　本：710 mm×1000 mm　1/16
印　　张：14.5
插　　页：4
字　　数：230 000
版　　次：2021年7月第1版
印　　次：2021年7月第1次印刷
标准书号：ISBN 978-7-5722-2361-7
定　　价：45.00元

如发现印装质量问题，影响阅读，请与本社市场营销部联系调换。
（联系电话：0571-88909719）

总 序
FOREWORD

最近几年，我经常思考一个问题：我们常常说的“新时代①”究竟是什么意思？

有一种解读——是从国际关系的角度去看问题，说中国正面临着一个“百年未有之大变局”。的确，鸦片战争以来，整个世界与中国的关系确实发生了翻天覆地的变化。当我们的GDP总量排名世界第二以后，外部世界对我们不适应，我们自己在心态上也没有准备好——我们整体上还不知道作为一个世界大国的国民应该如何自处、如何看待和处理我们自己与世界的关系。

我个人以为，对于中国人而言，所谓“新时代”，一个很重要的方面是指“物质丰裕”的时代。

是否进入了一个物质丰裕的新时代，我们要看一看客观数据。比如，我国人均GDP已经超过1万美元；恩格尔系数，即居民家庭中食物支出占消费总支出比重也已达到富裕社会的水准。中华人民共和国成立之初，我国城乡居民的恩格尔系数曾高达80%，改革开放初期也超过60%，那时中国是典型的贫穷国家。但到2019年，我国城乡居民的平均恩格尔系数已经下降到

---

① 中国共产党十九大报告中指出：这个新时代，是承前启后、继往开来、在新的历史条件下继续夺取中国特色社会主义伟大胜利的时代，是决胜全面建成小康社会、进而全面建设社会主义现代化强国的时代，是全国各族人民团结奋斗、不断创造美好生活、逐步实现全体人民共同富裕的时代，是全体中华儿女勠力同心、奋力实现中华民族伟大复兴中国梦的时代，是我国日益走近世界舞台中央、不断为人类作出更大贡献的时代。中国特色社会主义进入新时代，我国社会主要矛盾已经转化为人民日益增长的美好生活需要和不平衡不充分的发展之间的矛盾。我国稳定解决了十几亿人的温饱问题，总体上实现小康，不久将全面建成小康社会，人民美好生活需要日益广泛，不仅对物质文化生活提出了更高要求，而且在民主、法治、公平、正义、安全、环境等方面的要求日益增长。

28.2%（其中城镇为27.6%，农村为30.0%）。按照联合国的标准，恩格尔系数进入20%至30%区间的社会就进入富裕社会了。所以，虽然我们跟发达国家比仍有较大差距，但若以恩格尔系数为参照，我们的确已经进入了一个物质上相对丰裕的新时代了。

如果从物质丰裕这个时代特征去看，中国社会目前所遭遇的就不只是“百年未有之大变局”了——因为中国历史上从来没有一个强盛朝代的恩格尔系数曾经低于30%。就是说，我们已经告别了一个非常漫长的物质匮乏的历史时期，进入了一个绝大部分国人再也不用为温饱问题操心的全新时代。中国教育事业也因为国家经济实力的增长而不断进步。比如，21世纪初中国已全面实现了九年义务教育。中国的人口基数庞大，让如此规模的适龄儿童少年全部接受九年义务教育，在世界人权史上无疑具有里程碑意义。

问题是：德育，应当如何迎接一个物质丰裕的新时代？

在物质丰裕的时代，精神的贫乏可能会空前地凸显出来。仔细看来，目前社会上存在的一些“社会病”或多或少都与我们的价值观有关系，与我们的教育、德育有关。虽然都是负面现象，但从另外一个侧面也反映出整个社会对精神世界前所未有的高度关注。依据心理学家马斯洛的需求层次理论，人虽然有基础需要、高级需要，但不同情况下这些需要对人的行为的支配力是不同的，特定情形下起主导作用的就是所谓的“优势需要”。比如酒足饭饱了，一个人心中所想的可能就是看本书、听场音乐会之类的——他的优势需要就自然从基础需要转移到高级（精神）需要上去了。

优势需要的转移与我们的教育、德育有着最直接的关联。传统应试教育的逻辑，其实就是一种应对人类基础需要的“饥饿逻辑”。孩子接受教育的理由，最具决定性的是对生计的考虑。比如我们20世纪60年代在农村出生的这一代人上学就是为了“跳农门”。城里孩子上学的具体理由虽有差异，但考虑生计的逻辑却是一样的。随着时代的发展，上学的逻辑正在悄悄改变。2020年夏天，网民们曾因一个贫困考生填报北京大学考古专业而争论不休。虽然许多人坚持认为这个家境贫困的学子应该选择未来比较有“钱途”

的金融等专业，而不是可能清贫一辈子的考古专业，可是那个孩子最后还是勇敢地填报了自己心仪的考古专业——“追梦逻辑”最终战胜了“饥饿逻辑”！这就说明，虽然应试教育的“饥饿逻辑”还在老百姓的观念惯性里顽强存在，但其影响力已逐渐降低了，因为人们的优势需要正在悄悄转移。“你不好好学习，将来靠什么生活?”这样的话，已经越来越难以说服今天的小朋友了。当代中国教育需要从别的方向发力，比如让孩子感受到学习本身的魅力、激发其内在的学习动机等。

从社会的角度看，物质丰裕的时代意味着中产阶级队伍在不断壮大。由于温饱需要的满足已经不成问题，社会大众对尊严、自由、平等、公正、法治等的精神需求自然就会日渐增加。如果社会、教育不能够主动地、自觉地去应对这些新的社会心理诉求，就必然会出现问题。

社会越富裕，人们对自由、平等、公正、法治的需求就会越强烈，教育只能顺势而为。故若从教育的角度看，在一个物质丰裕的时代，由于个人、社会的需求结构都发生了巨大的改变，社会对教育当然就会相应地提出更高的要求——学校应当提供更加优质的教育，教育应当更注意凸显培养健全人格的本体功能。

但迄今为止我们的教育把太多精力放在考分上面，这只遵循了“饥饿逻辑”。今后“饥饿逻辑”可能还会存在，但其重要性一定会下降。因为时代变了。这并不是说以后成绩不重要、高考不重要，而是与人的健康发展相比，工具性的指标不再像以前那么重要。如果学生分数很高，但是心理不健康，人格不健全，当下、未来不幸福，那这样的教育肯定不是我们所向往的美好生活的一部分。目前社会上不少人对“全面发展”的理解有一个严重的误区，认为全面发展就是样样都要学，把个性自由这一条全面发展的灵魂、最根本的教育目标完全忽视了。其结果是，孩子、家长都很“累”，大家都在比拼分数、比拼成绩。如此种种，就完全走向时代发展需求的反面了。

故物质丰裕的新时代的教育，一定是优质的教育，一定是解放人、尊重人，能真正让人的生活品质提高、促进人生幸福的教育。换言之，时代要求教育、德育一定要转型，以应对新时代的诸多挑战。

很多人都没有意识到，在一个物质丰裕的时代，德育反而会面临更大的挑战。

从个体来讲，物质丰裕的时代对德育最大的挑战，当是如何让年轻一代获得生活的意义，能够优雅、幸福地生活，从而摆脱危险的低级趣味，克服“超越性病态”。

马斯洛的需求层次理论还有一个重要概念叫“超越性需要”。他认为，真善美、自我实现等是人的超越性（高级）需要。如果这一需要长期得不到满足，人就会产生“超越性病态”——认为生活枯燥、寂寞、无意义。生活越安逸、富足，我们精神上的苦恼就越多，形成超越性病态的可能性也就越大。在物质丰裕的时代，许多庸俗的东西既浪费了我们的时间，也败坏了我们的道德和审美趣味，但沉迷于此的成人与儿童却越来越多。如何帮助受教育者真正确立积极健康的世界观、人生观、价值观，以克服“超越性病态”、摆脱低级趣味，实乃当代中国德育面临的最大挑战之一。

从社会的角度讲，要回应前述中产阶级崛起所带来的政治、文化等社会心理诉求，就要大力促进文明社会建设，特别需要加强生命教育、人权教育、公民教育、劳动价值观教育等，其迫切性、教育的重点都已与过去大不相同。比如加强劳动价值观教育，今天劳动教育的意义跟以前不一样了，具体做法也应有所区别。如何让人拥有劳动者的尊严，社会要努力，教育更要努力。从这个角度讲，劳动教育就是人权教育、公民教育。此外，劳动教育也是道德教育——很多人厌恶劳动，因为他没有真正体认劳动的创造性价值，当然也就无法理解劳动的乐趣。新时代劳动教育要特别努力解决的，正是这类问题。

在新时代，我们迫切需要在德育内容、形式、人际关系等方面实现全面的提升。

在德育内容上，新时代要求我们认真开展公民教育、道德教育、真善美教育和自我实现教育等。

实际上，中国近年来一直在内政上努力建设法治国家、弘扬社会主义核心价值观，在外交上也在积极倡导构建人类命运共同体。这些既是中国特色社会主义的政治实践，也是中国特色社会主义的公民教育——因为建设法治国家所内含的法治教育，社会主义核心价值观里的自由、平等、公正、法治等，本就是世界各国公民教育最重要也最普遍的内容。而人类命运共同体意识，也正是国际上通行的全球公民教育的核心目标。物质丰裕的社会既然对中国教育提出了这方面的要求，如果我们不开展社会主义核心价值观教育，不推进法治教育，不进行人类命运共同体教育，那么德育就是与这个时代脱轨的。

还有，真善美、自我实现教育等问题，也非常重要。让孩子在关注自我的同时也拥有大我，让孩子更多地关注家庭、社会、国家、世界，让孩子更有精气神、追求真善美，从而拥有更豁达的人生，不仅是我们教育的重要使命，更是德育的核心目标。

在德育形式上，新时代要求我们须特别注意构建德育形式的精致与美好。途径之一就是倡导、践行德育美学观，实现真正的德育享用性功能。

有两种极端错误的德育观念：一种是强制灌输的观念。强制学生接受你的价值观，即便你是对的，也已经侵害学生作为道德学习主体的权利与尊严了。更何况强制虽可以一时改变学生当下的行为，但若学生在情感上不接纳，形成逆反心理，价值观教育就很难有实效。另一种是自由放任的观念。完全放手，任由孩子在价值上自由选择，错在把放任当尊重，其结果是取消了德育。两种极端的德育效果都不会理想。有没有既尊重孩子的主体性，让孩子不反感，又能达到良好德育效果的“中道”方式呢？我曾在自己的《德育美学观》《让德育成为美丽的风景》等书中呼吁：对德育内容、形式做审美化的改造——当我们所教的恰好是孩子们所渴望、所欣赏的东西时，价值引导和自主建构之间的矛盾就自然消解了。这是一种合乎时代要求的教育哲学，也意味着一系列德育改革的具体方法论建议。合乎“中道”的德育观念与方式，当然不只有德育审美化这一个路径。但是德育形式的精致、美好及其对于这个时代的重要性，却是毋庸置疑的。

此外，新时代德育还需要努力构建一种民主、和谐、辩证的人际关系。

教育其实就是人对人的影响。民主、和谐、辩证，是教育中良好人际关系尤其是师生关系的三个关键词。其中特别需要强调的，是“辩证”二字。一方面，民主、和谐的师生关系是现代教育的重要特征。另一方面，正如教育哲学家格特·比斯塔（Gert Biesta）曾经在他的《教育的美丽风险》《超越学习》等书中所指出的：很多人认为学生是顾客，学校是商店，教师则是销售员——教师只需跟在学生屁股后面，学生要什么，教师就给什么，这是对教育的严重误解。须知，没有专业，就没有教育；没有要求，就没有德育。我们对于学生的尊重，一定要有教育性，一定是建立在对其成长具有有效帮助的基础之上的。高品质的德育既需要实现优质德育内容、形式的供给，也需要注意形成一种民主、和谐、辩证的人际关系。

综上所述，物质丰裕的新时代，意味着整个教育逻辑的转换，意味着中国德育在迎来伟大历史机遇的同时也必须直面诸多艰巨的时代挑战。时代的全新格局正需要中国教育理论和实践工作者通过不懈努力，主动、勇敢地面对。而“新时代立德树人理论探索书系”，正是一群教育理论工作者对于新时代立德树人呼唤所做出的严肃、具体的专业回应。

檀传宝

2021年6月6日于京师园三乐居

［本序由丛书主编在第三届“长三角地区中小学德育创新论坛”（2020年12月10日至12日，苏州）上所作主题演讲整理、改写而成。序言保留了表达的平易风格，但仍不失为主编对于新时代德育、教育的理论之思，更可视为与丛书作者、读者的一种别致而真诚的思想对话。］

目　录

CONTENTS

前 言
PREFACE

我是谁？这是青少年在认识自己时会不断追问的一个问题。在不同的社会环境中，青少年回答这一问题时面对的外部“现实”与内心“感受”以及与此相关的回答方式、基本“答案”等内容均会有所差异。对于教育而言，“帮助”青少年“认识自己”是其根本的职责和任务之一。为较好地完成这一任务，教育者需要深入了解青少年“认识自己”时的具体境遇。

网络社会的出现，正深刻改变着社会结构、权力关系以及个体价值观念、认知方式等，这使青少年社会认同的现实土壤发生着重大的变化。了解和洞悉这些变化，是正确认识和理解当代青少年“认识自己”的重要基础，也是提高德育实效性的重要前提。

本书聚焦于青少年社会认同的有机构成部分之一——青少年的社会规范认同，依据网络社会学理论，运用案例分析法、文本分析法对网络社会中青少年社会规范的获得方式、规范表征的呈现形式以及认同的实现途径等进行了分析探讨。基本结论如下：

在社会规范的获得方面，网络社会中青少年获得社会规范的方式由“先赋”走向“自致”。网络技术的发展，降低了社会角色的预设性，增强了社会发展的动态性，这使得整个社会结构弹性化程度不断增强。与此同时，网络技术的不断发展确保了社会规范可以在不同空间、不同社会形态中传播，从而导致青少年所面临的社会规范日趋多元。在这两种趋势的作用下，青少年不再被束缚于特定的社会角色上，被动遵守特定的社会规范。由于社会很难为青少年提供稳定清晰的社会规范坐标，他们需要（同时也不得不）对其所要认同的社会规范进行选择。

在社会规范表征的呈现方面，网络社会中青少年主要以“自编”的方式实现对社会规范表征的加工创作。网络技术的不断发展带来了社会空间与时间的变化。空间变化为“流动的空间”，时间则演变为“无时间之时间”。随着空间与时间的变化，网络社会中青少年为自我存在进行合法性辩护的叙事方式也发生了变化——由注重普遍性、统一性的宏观叙事走向注重特殊性、情境性的微观叙事。在这种情况下，青少年能够自主选择、建构、重新组合认同社会规范时所需要的表征。这使得网络社会中青少年的社会规范认同较多地建基于青少年经验或超经验、多种认同材料以及独特意义的认同资源，在形式上具有鲜明的自编性特征。

在社会规范认同的实现方面，网络社会中青少年以“自嵌”的方式实现社会规范认同。网络技术的发展，使得社会资源的集中化程度降低，减少了青少年的依赖性并促进了青少年“有思”意识的形成。即，青少年逐渐独立于社会和他人，成为一个自主能动的个体。不仅如此，青少年还可以充分利用现代网络技术，表达自己对于社会规范的意见与看法，甚至修正某些社会规范或者更新既有的社会规范结构，在此基础上完成社会规范认同。当然，这种修正与更新并非时常发生，青少年有时仅仅是在思考后接受既有的社会规范。实质上，青少年对于社会规范或社会规范结构的思考、修正与更新，是他们将自己嵌入社会规范的过程。即，通过这种自我嵌入，青少年实现了社会规范认同。

网络社会中青少年的社会规范认同有其积极的一面，也有消极的一面。从积极方面看，青少年社会规范认同具有自主性与适宜性的特征。即，青少年的社会规范认同是个体自主实现的，且较为符合自身的实际情况。从消极方面看，青少年社会规范认同不可避免地具有私利性与盲目性。即，青少年的社会规范认同会过于关注自己的利益，他们也可能由于辨别能力不足而使自我判断失于片面。面对青少年社会规范认同的上述变化，德育实践需要进行一定的变革。具体变革包括：德育目标中应该强化“教会建构”的要求，德育内容的设计和编排应当固守一定的边界，德育过程则需要增加“建立意义连接”这一要素。

总的来看，网络社会中青少年的社会规范认同，是以一种不同于成人社会要求或者想象的方式进行认同的。在社会规范认同过程中，他们对既有的社会资源进行重新组合与编排，以一种新的方式回应社会的要求，而非悖离整个社会。可以说，青少年是在自我设计的过程中，通过“社会拼贴”方式实现对社会规范“貌离神合”式的认同。因此，网络社会中的德育需要立足于青少年的生活世界，并发挥价值的引领作用。

绪论

作为一种历史趋势，信息时代支配性功能与过程日益以网络组织起来。网络构建了我们社会的新社会形态，而网络化逻辑的扩散实质地改变了生产、经验、权力与文化过程中的操作和结果。

——曼纽尔·卡斯特

我们所处的是一个正在经历着剧烈变化的社会。对于这个社会，人们煞费苦心地为其命名，以至出现了众多称谓，如后现代社会、后工业社会、消费社会、风险社会、信息社会等，不一而足。上述这些称谓，对于我们从某一个角度了解、理解当前的社会均具有一定的启示意义。在这些称谓中，“网络社会”也逐渐成为一个描述社会核心特征的基本概念和引发激烈讨论的重要议题，引发了诸多研究者的关注与思考。作为一个分析和刻画当前社会的概念，“网络社会”同时成为我们分析当前德育现象和问题的一个重要背景。

一、研究缘起与研究意义

在社会发展过程中，青少年需要完成的重要任务之一是如何从“自然人”走向“社会人”，成为社会的一分子。青少年如何认可、接受特定的社会规范，并在此基础上将自我融入社会结构之中，是各个历史时期的青少年所面临的共同问题，也是人们长期关注、思索、探讨的重要议题。对于德育活动而言，能否深入了解和洞悉个体社会规范认同的时代特征，成为其是否有效的重要条件之一。具体而言，教育者对于青少年社会规范认同内容、方式等了解得越充分，就越有可能开展更为适切的德育活动，进而调动个体的积极性，促进其道德发展。反之，教育者采取的德育措施可能会因针对性、契合性不足，在很大程度上无益于，甚至阻碍着青少年的道德成长。故了解青少年的社会规范认同，是我们开展有效德育活动的重要前提之一。正如一些研究者在提醒我们需了解德育对象时所说的那样：“了解不同年龄段学生作为道德生活主体的生动特性乃是因材施教、发挥其主体性的最大前提。”①

（一）研究缘起

近几十年来，网络技术作为一种新兴技术，逐渐渗透于社会生活

① 檀传宝. 德性只能由内而外地生成[J]. 清华大学教育研究，2001，3.

的各个方面。正如一些研究者所指出的那样：经过数十年的发展……在人们记忆中还显得十分前卫的上网冲浪、浏览网页、进聊天室聊天、收发电子邮件、在BBS发帖、发表博客日志、玩网络游戏、开展电子商务等网络使用行为，已然变得十分稀松平常。① 可以说，随着网络的迅速发展及其对人们生活影响的全面渗透，它正深刻地改变、建构着人们身处其中的生活世界。它使得社会政治、经济、文化等方面均发生着变化，甚至使整个社会结构都处于转型过程之中。正如著名社会学家曼纽尔·卡斯特（Manuel Castells）② 所指出的那样："网络构建了我们社会的新社会形态，而网络化逻辑的扩散实质地改变了生产、经验、权力与文化过程中的操作和结果。"③

网络不仅影响着社会的诸多方面，还作用于日常生活中的每一个体（尤其是与它密切接触的个体），使个体的思想观念、生活状态、

① 黄少华，翟本瑞．网络社会学：学科定位与议题[M]．北京：中国社会科学出版社，2006：13.

② 曼纽尔·卡斯特于1942年出生于西班牙，曾在巴黎大学、加利福尼亚大学伯克利分校、麻省理工学院等多所大学任教。他在1996—1998年出版了一部三卷本的著作"信息时代三部曲"（*The Information Age*），包括《网络社会的崛起》（第一卷，1996年）、《认同的力量》（第二卷，1997年）和《千年终结》（第三卷，1998年）。这三部著作以信息技术的发展为基础，对当代人类社会在经济、政治、文化和社会关系等各个方面的变迁都进行了深入的论述。其中，第一卷强调了社会结构性物质，比如构成信息时代基础的技术、经济和劳动过程；第二卷的核心是论述网络社会的社会学，特别关注为了对根本变革做出响应而兴起的各种社会运动，以及随之而来的对在场的新型环境的利用；第三卷与政治相关，关键主题包括社会接纳和社会排斥。"信息时代三部曲"被翻译成20多种语言，对当代社会科学家的思想影响巨大。阿兰·图雷纳（Alain Touraine）、安东尼·吉登斯（Anthony Giddens）等诸多社会学家对上述著作给予了高度评价。吉登斯在《泰晤士报高等教育增刊》中这样说道："我们正处在一个剧烈而令人迷惑的转变时期，或许它标志着整个工业时代之后的一次飞跃，既而此时却充斥着对信息社会软弱无力的描述，以及对后现代主义和大量社会诠释的空虚概述。由此可知曼纽尔·卡斯特的三卷著作试图描绘出信息时代社会与经济的动力的重要性，它绝对可以比拟马克斯·韦伯的巨作《经济与社会》。弗兰克·韦伯斯特认为，在所有关于当今世界的主要特征和主要动力的论述中，卡斯特的作品的确最富有启发性和想象力，且相当严谨。如果我们尝试去了解信息的角色和特性及其如何介入变化和正在加速的变化本身，那么曼纽尔·卡斯特的作品非读不可。——以上部分内容整理自：何明升．网络社会学导论[M]．北京：北京大学出版社，2020：33-34.

③ 曼纽尔·卡斯特．网络社会的崛起[M]．夏铸九，等，译．北京：社会科学文献出版社，2006：434.

认知方式等均发生着变化。一些研究者这样说道：网络“正以极其迅捷的速度广泛影响着人们的社会生活，并全方位地改变着人类社会的面貌，改变着人类的娱乐方式、思考方式、行为方式以及认同方式”。[①] 与受网络影响较少的人们相比，在网络社会中成长起来的青少年在看待世界、看待人与世界的关系以及感知外界的方式等方面，具有一定的独特性。例如，在他们的观念里，世界既是无限大的（世界的多样性与丰富性），又是无限小的（时空可以无限压缩）。利用网络技术，青少年与社会、他人的关系既可以实现“天涯若比邻”的效果，又可以处于“咫尺天涯”的状态。

上述诸多方面的变化，改变了青少年社会规范认同的环境、资源、话语体系、价值观念及思维方式等各个方面。在这种情况下，与网络社会来临前的一代或几代人相比，网络社会中成长起来的青少年在社会规范认同的方式、策略[②] 方面均会发生较大的改变，具有鲜明的时代特征。此外，青少年时期本身就是一个比较“躁动”的人生阶段。对于青少年的各种“不安”，一些成年人可能在找不到合适的解释词汇、框架时习惯于将其描述为“离经叛道”“缺乏责任感”“自私自利”“不守规矩”等。无论对于成年人还是青少年，青少年对待社会规范的立场、态度、方式等，都成为研究者关注的一个重要焦点。基于上述考虑，本书认为：探讨一种全新的社会环境（即网络社会）下青少年的社会规范认同情况，是一个亟须进行的研究工作。

（二）研究意义

从实践上看，本书的研究有助于提升德育的实效性。德育的开

---

① 黄少华．网络社会学的基本议题[M]．杭州：浙江大学出版社，2013：135.

② 在一些研究者看来，在各个方面的认同（社会、文化和主观认同）及不同层面的认同（年龄、性别、阶层、种族等）中，存在着特定的认同秩序和认同框架。所谓认同秩序，就是认同的组织性规则和模式。由认同秩序决定的角色规范、行为准则和形象要求等方面，构成了个体认同的创造和维护活动所依赖的认同框架。——以上内容整理自：王宁．消费社会学（第二版）[M]．北京：社会科学文献出版社，2011：51．在研究过程中，本书借鉴了这一观点的相关概念及思考方式。

展，在很大程度上依赖于德育工作者对于青少年以及青少年所处社会环境的了解。随着网络社会的到来，网络社会中青少年社会规范认同的基本内涵与主要特征等方面均发生了一定的改变。教育者对青少年社会背景、青少年心理以及社会规范认同具体方式等诸多方面的了解，成为德育有效性的重要前提。如果教育者对网络社会中青少年社会规范认同的时代特征缺乏较为清晰的了解和认识，他们将在德育实践中面临诸多困难，进而影响德育的实效性。当前，许多一线教育工作者之所以反映对学生的道德教育方面存在诸多困难，部分德育措施失去效用，在一定程度上源于德育活动未能契合网络社会给青少年社会规范认同带来的改变。本书所进行的研究，将在某种程度上有助于洞悉这些问题的部分症结。这是由于：本书可以较为清晰地揭示网络社会中青少年社会规范认同的方式、特征以及相关价值观念等。对于学校德育实践而言，这有利于教育者选择较为适宜的德育内容与德育方式，并站在比较合适的德育立场对学生进行道德教育活动，从而提高学校德育活动的实效性。此外，本书会在上述分析的基础上，探讨网络社会中青少年德育的相关策略等，这可以直接为德育工作提供方法上的专业指导，也有利于提升德育活动的有效性。

从理论上讲，本书的研究可以丰富青少年社会化及认同理论的相关成果。网络社会中有关青少年社会规范认同的研究，同样具有重要的理论意义。首先，从社会化的角度来看，青少年认同社会规范，是他们逐渐由“自然人”成为“社会人”，进而融入社会的一个必经阶段与必然要求。实质上，这是青少年“社会化”的过程。一般情况下，青少年社会化的价值理念、基本内容、具体方式等因社会环境的不同而表现出一定的差异。对于网络社会中青少年社会规范认同方式、特征等方面的揭示，无疑有助于我们较好地把握网络社会中青少年社会化的基本特点，进而了解网络社会中青少年社会化的时代性与特殊性，丰富已有的青少年社会化理论成果。其次，从认同的角度而言，青少年的社会规范认同是一个认同方面的问题。探究青少年的社会规范认同会丰富当前的认同理论。这是由于：探讨认同的价值取向、基本内容、影响因素、具体方式与特征等是认同理论的重要旨趣所在。本研究对于网络社会中青少年社会规范认同特殊性的探讨，能够在很大程度上进一步丰富或更新认同理论的基本假设及相关构成要素，进而推动认同理论的不断发展。

二、研究问题

在探讨网络社会中的认同问题时，曼纽尔·卡斯特[①]对网络社会中认同所发生的变化进行了极具启发意义的讨论与分析。卡斯特认为，基于认同的形式与来源，社会认同可以分为三类。

合法性认同（Legitimizing identity）：这种认同由社会的支配性制度引入，以扩展和合理化它们对社会行动者的支配。

抗拒性认同（Resistance identity）：这种认同由那些其地位和环境被支配性逻辑所贬低或诬蔑的行动者所有。这些行动者构起了抵抗的战壕，并在不同于或相反于既有社会体制的原则基础上生存下来。

规划性认同（Project identity）：社会行动者基于任何能到手的文化材料，而构建一种新的、重新界定其社会地位并因此寻求全面社会转型的认同。

在区分了这三种类型的认同后，卡斯特进一步指出：我们的世界，我们的生活正在遭受一种重塑。信息技术革命和资本主义的重构，已经诱发了一种新的社会形式——网络社会。它的典型特征是战略决策性经济活动的全球化、组织形式的网络化、工作的弹性与不稳定性、劳动的个体化。

而在此时，各种强有力的抗拒性认同不断出现。它们龟缩到公共天堂里，拒绝被全球浪潮和激进的个人主义潮流冲刷掉。它们围绕民族、家庭等传统价值来构筑其共同体，并且用种族的图腾和地域的防

---

① 如无特殊说明，本部分的内容主要引用、总结于《网络社会的崛起》《认同的力量》《千年终结》。

线来确保其营地的封闭性。抗拒性认同并不限于传统价值。它们能够通过先发制人的社会运动来建构。只要不足以使反对的压迫性制度发动攻击，这些社会运动的力量就会选择在抗拒的过程中建立自身的独立性。

抗拒性认同促进了小群体之间的认同与团结。然而，这些认同是抗拒性的，他们很少彼此沟通，因为他们是围绕着截然不同的、划分“内”与“外”的原则构筑起来的。在这种情况下，各个共同体之间的和平相处是不可能的。为了重建一种新的公民社会，并重建一种新的国家，思考如何实现规划性认同成为关键问题。卡斯特指出，新的规划性认同似乎并不是源自过去的工业时代的公民社会的认同，而是源于当前抗拒性认同的进一步发展。当然，某个共同体建构的抗拒性认同并不一定会朝着建构规划性认同演变。但是在某些情况下，抗拒性认同确实会产生出规划性认同，其目的是转变整个社会，使之与共同体的价值观保持一致。

规划性认同何以可能？在卡斯特看来，虽然网络社会造成的抗拒性认同在很大程度上阻碍了整体性认同的形成，但是整体性认同仍然具有形成的可能性。之所以如此，是因为这与信息时代的主体密切相关。卡斯特认为，当前时期的生态主义者、女性主义者、民族主义者等是信息时代的潜在主体。规划性认同有可能产生于这些主体当中。这是由于：表述认同规划、旨在改变文化符码的所有角色都必须是符号的动员者。他们应该对现实虚拟的、塑造着网络社会中的沟通方式的文化产生影响，为了另类的价值观而颠覆这种文化，并引入那些从自主的认同规划中产生出来的符码。卡斯特已经观察到的角色主要有两种类型。第一种类型可以称之为提倡者。他们是一些符号化的个体，其角色既不是具有超凡魅力的领导人，也不是精明干练的策略家，而是露出符号面孔（或面具）的人。第二种类型，也是最重要的一种类型，就是一种网络化的、去中心化的组织和干预形式。它有新社会的特征，在反映着的同时也对抗着信息社会中的网络化支配逻辑。在网络社会中，这些力量已经发挥了一定作用。而且这些力量可能隐藏在符码的后面。正如卡斯特所指出的那样："正是在这些社会的'后巷'，即在另类的电子网络或者在共同体抗拒的基层网络，我才看到了一个由认同的力量在历史的战场所赢得的新社会，开始崭露头角。"

由上可见，社会认同的基本特征与具体方式受到社会发展阶段的影响与制约。在不同的社会结构与社会权力关系中，社会认同表现出一定的差异性。具体到网络社会中，社会认同出现了两个基本变化：一是社会认同由一元化支配走向多元化支配。合法性认同是社会借助于较为单一的权威，通过支配社会大众而形成的认同。在这种社会认同的形成过程中，权威相对较为一元。随着网络社会的到来，这种一元化的权威被日益瓦解，多元力量不断兴起与壮大。抗拒性认同就是在这种基础上出现的。二是规划性认同是抗拒性认同的进一步发展。社会的稳定与发展必然会对整体性认同提出强烈的要求。按照卡斯特的基本观点，整体性认同（卡斯特称之为"规划性认同"）是以抗拒性认同为基础出现的。这意味着：在促使整体性认同形成的过程中，我们必须对抗拒性认同进行较为详尽的分析与把握，并以此为基础采取相关措施，促进整体性认同的形成。那种试图回避甚至撇开抗拒性认同的做法可能会导致竹篮打水的结果。

在网络社会中，社会认同的诸多改变与社会和个体之间关系的变化密切相关。具体而言，个体（卡斯特称之为"社会行动者"）不但能够独立于既有的社会结构与权力关系（卡斯特称之为"社会体制"），而且在有些时候还能建构一种新的社会结构与权力关系，挑战甚至替换既有的社会存在。在网络社会中，社会对于个体的控制日益减弱。正是在这种情况下，社会认同发生了变化：合法性认同没落，抗拒性认同出现，规划性认同有可能实现。

本书认为，作为社会认同的一个有机构成部分，社会规范认同同样具有类似的性质，并产生了相似的变化。在社会对个体的控制较为强烈时，就像合法性认同所呈现的那样，个体往往被动地服从社会支配力量的安排，认同社会所规定于自身的社会规范体系。这可以称为“强支配式”的认同。在这种“强支配式”的认同中，个体的社会规范认同实质上是个体简单听命于社会整体的规划，将特定社会规范移植到自我身上的过程。对于这一过程而言，“复制”是其基本精神。而在社会对个体的控制有所减弱时，则如抗拒性认同或者规划性认同所昭示的一般，个体对于既有的社会规范一般能够进行一定的反思、修正甚至替换，然后实现认同。与前一种社会规范认同相比，在这种社会规范认同中，个体充分发挥其主观能动性，可以称之为“弱支配式”的认同。在这种形式的认同中，个体的社会规范认同本质上则是个体积极能动地面对社会，根据个体情况与社会现实选择并协商合适、合理的社会规范甚至重建整个社会规范体系的过程。从基本精神上看，“弱支配式”的社会规范认同可以总结为“建构”。

基于这些分析与思考，本研究的基本假设为：随着网络社会的到来，青少年的社会规范认同逐渐由“强支配式”认同走向“弱支配式”认同，其基本精神也由“复制”逐渐转变为“建构”。更为确切地说，这种建构是一种个性化建构。这一假设可以被详细地阐述为：在网络社会中，青少年赖以生存的社会环境（如社会结构、权力关系）等方面发生了转变，青少年自身也产生一定的变化，社会对于青少年的控制有所减弱。在这种情况下，青少年在认同社会规范时并不是简单承袭社会的安排，“复制”既有的社会规范，而是根据自己的需要、兴趣、利益等对既有的社会规范进行思考，做出细微或显著的改变，“建构”有关社会规范的多个方面，并在此基础上完成认同。青少年社会规范认同的这种改变，对德育活动提出了诸多期待与要求。基于这样的判断，本研究将着力探讨以下几个问题：

在网络社会中，青少年认同社会规范时的社会环境、结构发生了何种变化？

在网络社会中，青少年进行社会规范认同的基本过程是什么？

在网络社会中，青少年选择、表现认同材料及实现社会规范认同的具体特征有哪些？方式是什么？

德育活动应如何有效回应网络社会中青少年社会规范认同的特殊性？

总的来说，本书主要试图从理论层面分析网络社会中青少年社会规范认同环境及青少年自身等方面的变化，进而探讨网络社会中青少年社会规范认同所发生的具体改变。本书将尝试提出一些可行性的建议，为学校德育理念、内容等方面的转变提供一些有效的意见，切实提高德育活动的实效性与专业性。

三、研究现状分析

如前所述，青少年的社会规范认同受到社会政治、经济、文化等条件的影响与制约。探讨网络社会中社会规范认同自身的变化以及认同赖以生存环境的变迁之意义也已被学界所意识到。相关研究者开展了一些研究并积累了一定的研究成果。按照具体探讨对象的不同，这些研究成果可以分为两类：一是社会规范认同方面的研究，二是网络社会中社会认同方面的研究。为梳理相关研究成果，笔者先后在北京师范大学图书馆、北京大学图书馆、国家图书馆及中国知网（CNKI）以“网络”“网络时代”“网络社会”“虚拟社会”“社会认同”“价值认同”“规范认同”为关键词对中文文献进行了搜索。同时，笔者先后在 Web of science、Springer Link、ProQuest Dissertations and Theses 以“cyberspace”“network society and social norms identity”“norms identity”“values identity”为关键词对英文文献进行了搜索。基本研究状况如下。

（一）个体社会规范认同的研究现状

在当前的研究中，直接对网络社会中社会规范认同进行探讨的研究并不多见。因此，这里梳理的文献主要是社会规范认同 / 道德认同方面的相关研究。20 世纪 90 年代以来，在道德研究与实践领域，科尔伯格范式逐渐被边缘化。越来越多的人意识到：个体对道德规范的“认知”而非“认同”是知行脱节的重要原因所在。因此，人们逐渐将“认同”纳入主体道德的考量范围之内。哈特最早提出将同一性加入道德领域。他认为，同一性是一种建构，像人格变量一样，反映了不同人的差异，把同一性加入道德领域，旨在研究为什么有人比其他人更一贯地坚守道德。[①] 此后，人们对于道德认同进行了相关研究。一般情况下，研究者在探讨个体社会化的研究中，往往会提及社会规范认同。但是，个体社会化方面的研究也仅仅止于提及，并未进行深入的论述与探讨。综合而言，研究者对于社会规范认同/道德认同的研究主要可以分为以下几个方面。

1. 社会规范认同/道德认同的影响因素研究

一是内部因素的影响。影响社会规范认同的内部因素多种多样，如人格、自尊、道德判断等因素。万增奎的研究指出：个体在不断的成长过程中，其对各种复杂的社会关系逐渐有了较为清晰的认识，才能慢慢从自己以外的角度进行道德判断与认识。[②]

二是外部因素的影响。除上述内部因素外，一些研究者指出，社会规范认同也受到诸多外部因素的影响。曾晓强采用道德认同量表、父母养育方式问卷、领悟社会支持量表、亲社会行为量表对大学生施测，对大学生的道德认同与亲社会行为状况进行了考察，并探索了养育方式、社会支持感知对大学生道德认同、亲社会行为的影响。结果表明：大学生的道德认同水平、亲社会行为水平较高，二者存在中等程度的相关；养育方式、社会支持感知对大学生道德认同有一定的预

---

① Hart D. Adding identity to the moral domin[J]. Human Development, 2005, 48: 257–261. 其他研究者通过研究也证明了这一点。研究发现：道德认同与道德行为呈正相关。相关研究如：Aquino K, Reed A. The self-importance of moral identity[J]. Journal of Personal and Social Psychology, 2002, 83: 1423–1440. Reed A, Aquino K. Moral identity and the expanding circle of moral regard toward out-groups[J]. Journal of Personal and Social Psychology, 2003, 84: 1270–1286.

② 万增奎. 道德同一性的心理学研究[M]. 上海：上海教育出版社，2009：178.

测力；社会支持感知是养育方式影响道德认同的中介变量；养育方式、社会支持感知、道德认同对亲社会行为有一定的预测力；道德认同是养育方式、社会支持感知影响亲社会行为的中介变量。①

在道德认同的影响因素方面，有些研究者并未对影响因素进行刻意的区分。当前的研究发现：道德认同受到诸多因素的影响，如人格因素、家庭关系、朋辈关系、社区或团体道德氛围、社会结构、道德行动机会②等。哈特对此进行了系统梳理，建立出道德认同的形成模型。如图绪 -1③所示：

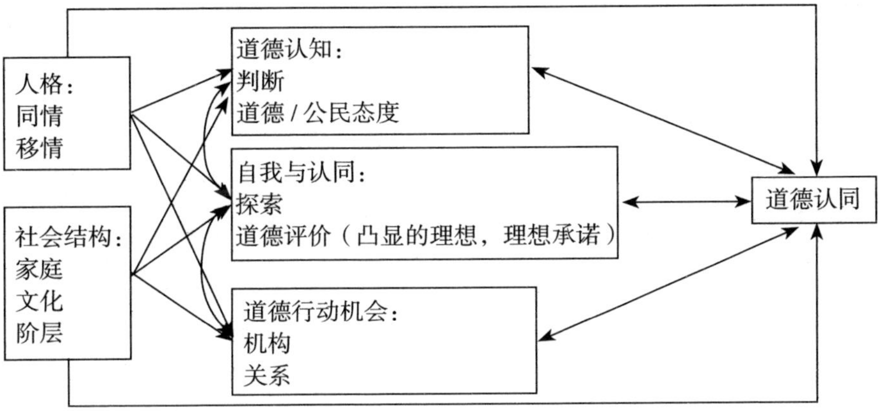

图绪 -1 道德认同的形成模型

2. 社会规范认同 / 道德认同的发生机制研究

一是个人取向的发生机制。这种观点认为，社会规范认同 / 道德认同的形成主要是个体建构的结果。道德认同需要道德主体对一些

① 曾晓强. 大学生道德认同、亲社会行为及影响因素研究[J]. 重庆工商大学学报：社会科学版，2012，4.

② 相关研究并不少见。如：Lapsley D K. Moral self-identity as the aim of education. In：Nuccil，Narvaez D，Eds. Handbook of Moral and Character Education[M]. Mahwah，NJ：Lawrence Erlbaum Associates，2008. Bucher A A. The influence of models in forming moral identity[J]. International Jounral of Education Research，1998，27：619–1627. Youniss J，Yates M. Youth service and moral-civic identity：A case for everyday morality[J]. Educational Psychology Review，1999，11：117–130.

③ Hart D. The development of moral identity[J]. Nebraska Symposium on Motivation，2005，51：165.

现象具有基本的认识，表现出一定的态度。一般而言，个体认为其是真、善、美的，就予以肯定，从而接受、趋向它；如果认为其是假、恶、丑的，就倾向于否定，从而拒绝、回避它。正如查尔斯·泰勒（Charles Taylor）所指出的那样，“我是谁”发问方式为个体进行道德选择提供了方向。[①] 正如一些研究者指出的那样：道德认同是在主体的构建活动中产生的，是通过规范学习在主客体相互作用中实现的。万增奎认为，认知结构产生于主客体的相互作用，这种作用主要体现在主体的活动之中。道德认同是社会与个体的道德交流与深层次的精神渗透，道德认同实现取决于道德主体、道德客体及道德环境的有机互动，其中起关键作用的是道德主体的图式，它是一种过滤器，选择和控制外界信息的流入。[②]

王健敏在该方面的研究颇具代表性。她认为，规范认同是依从、认同和信奉这一内化连续体的中间环节，其本质特征是思想与行为上对规范的趋同。动机与行为相统一，个体做出规范行为的动因由被动转入主动，即由受情境性外部压力的制约转向个体内心对规范必要性的认识，从而建立起一种自觉的规范行为机制。所谓思想趋同，即在认识与情感一致性基础上形成的动机系统；行为趋同即外部表现。因而，认同结构是动机系统与行为系统相统一的知、行、情的整合体。在研究的基础上，她认为：规范认同是借助义情沟通、行为趋同、体验整合，通过规范的认知学习、情感学习与行为方式的学习而完成的。认知学习，即对象经验的获得；行为方式的学习，即动作执行中的主体经验；情感学习，即主客体之间的关系经验。认同学习是这三类学习的统合，完成交往经验的概括化、系统化，分层构建规范行为的启动、执行与反馈机制，从而形成主体内部一体化的认同结构。上述规范认同形成机制的理论构想，可用示意图（见图绪 -2）来直观

① 查尔斯·泰勒. 自我的根源：现代认同的形成[M]. 韩震，等，译. 南京：译林出版社，2001：38.

② 万增奎. 道德同一性的心理学研究[M]. 上海：上海教育出版社，2009：295.

反映。①

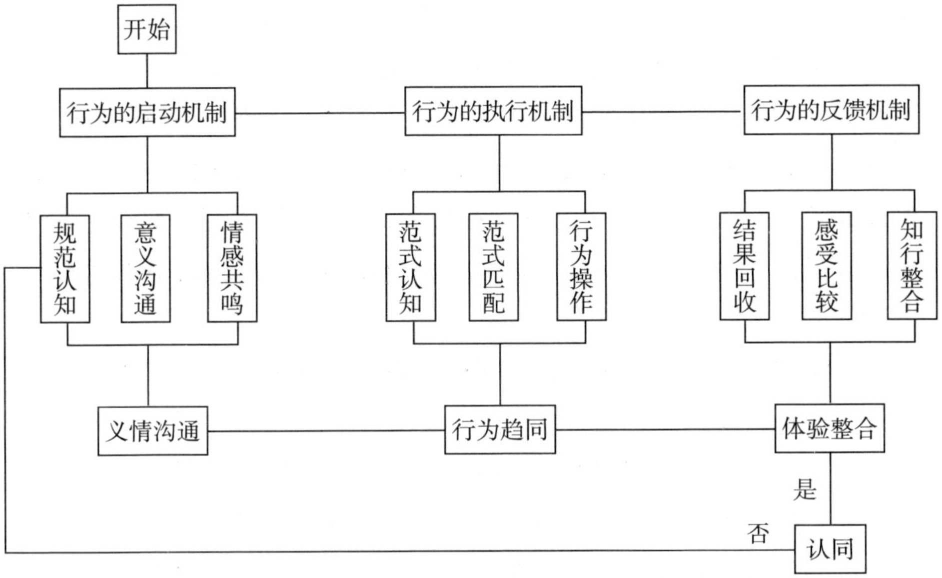

图绪-2 规范认同的形成机制

二是社会取向的发生机制。社会取向机制的基本观点是：社会规范认同/道德认同是由社会建构形成的。具体而言，自我的建构与其所处社会的建构是统一、互补的，是社会建构自身的过程。青少年所参与的每一种活动几乎都有道德的成分因素，道德发展往往源于个体天赋与环境生活事件的交互作用，这种交互作用体现在人与人之间的对话变化情境之中。② 正如社会建构论者肖特所指出的那样："从关系论的观点来看，内部生活的意识是通过发生于社会生活和话语实践的语言交往而创造出来的，是联合行动的结果。这种建构过程又依赖各种话语情境中同他人的相互关系。"③

3. 社会规范认同/道德认同与教育的相关研究

在这个方面，相关研究并不系统。较为细致的研究主要是由王健

① 王健敏．社会规范学习认同心理过程研究[J]．教育研究，1998，1.

② 万增奎．道德同一性的心理学研究[M]．上海：上海教育出版社，2009：300.

③ Shotter J．The social construction of our inner selves[J]．Journal of Constructive Psychology，1997，10：7-24.

敏所开展的，体现在其公开发表的两篇论文之中。在《关于社会规范认同教学模式的研究》一文中，王健敏认为，在促进受教育者社会规范认同的过程中，教育经常采用两种训练模式。一是认知训练模式，二是行为训练模式。在她看来，人们对这两种训练模式的理解具有一定的偏差，对其有效性及实现条件缺乏科学认识。在这种情况下，王健敏试图通过自然教育状态下的有控制的实验研究，比较其使用效果，并探讨其内部条件，从而为学校规范教学体系的构建提供理论与实验依据。

王健敏采用自然条件下的非随机实验组与控制组前后测实验设计方法对其进行了研究。具体结论是：第一，在规范教学中，认知训练法与行为训练法均是有效的教学组织形式。但在通常情况下，尤其是对有情感障碍的儿童，行为训练法比认知训练法更有效。第二，行为训练法的优越性表现为通过行为结果的反馈体验，有效地消除个体原有经验中的情感障碍，引起动机系统由被动到自觉的转变，从而构建规范行为的自觉机制。第三，无论是行为训练法还是认知训练法，都不是孤立地进行认知或行为的单因素训练，必须强调知、情、行的整合，即符合规范认同形成的心理机制，才能有效地实现规范认同。①

在《社会规范认同学习中的随机性教学研究》一文中，王健敏指出，随机性教学对于受教育者社会规范认同具有积极作用。随机性教学，指对学生偶发事件进行综合处理，使之产生义情沟通、体验整合，直接实现认同。在很大程度上，随机性教学更能体现德育活动的特点，若将它与系统性教学加以结合，将产生巨大的教育效能。基于这样的思考，王健敏采用自然条件下的非随机实验组与控制组前后测实验设计方法，设置两个实验班与一个控制班。控制班用常规方法进行训练，一个实验班采用系统性教学策略，另一个实验班采用系统性教学与随机性教学相结合的综合策略。实验结果表明，采用系统教学策略，以及系统教学与随机教学相结合策略，均有良好的实验效果，

① 王健敏．关于社会规范认同教学模式的研究[J]．心理发展与教育，1997，4.

但程度有所不同。随机教学与系统教学相结合效果最佳，学生规范认同总体效果与知、情、行分项效果均显著优于其他两种情况，说明规范教学中随机性教学的使用，可大幅度提高教学效能。这种实验效果在幼儿园实验与小学实验中都得到证实，并且幼儿园比小学效果更明显。而且，幼儿实验班教师素质较好，处理儿童自发事件的频率较高，学生规范认同效果更为显著。小学实验班教师干扰较多，处理学生自发事件的自觉程度不够。这说明规范认同随机化教学的使用，直接受到教师本身的素质与自觉程度的制约。①

（二）网络社会中社会认同的研究现状

对于网络社会中社会认同面对的各种变化及发生的改变，根据文献梳理的结果，本书发现当前国内有关这个方面的研究主要集中在以下四个方面。

1. 网络给社会认同带来的挑战

一是网络信息传播的方式分裂了社会认同。例如，林晖指出：网络信息传播具有极化、碎片化、浅阅读等多种特征，让越是简单、有力、符号化的思想片段越易于传播，给激进思想以流传空间，在某种程度上分裂了社会认同。此外，中国网络思潮的负面影响在于极端的简单思维导致了冲突性、怀疑性的事实解读框架。网络建构的社会镜像及其解释，实际又在强化“信息茧房”导致的群体极化，减少群体间交流的机会。②

二是虚拟社会的非现实性给青少年现实的社会认同带来了危机。例如，魏宏歆认为，在现实社会中，现实社会结构的诸要素所结成的稳定体系，调整着人们的相互关系，维系着社会的整体性，社会角色的扮演也是客观且真实存在的。而虚拟社会没有社会构成的基本要素，更不可能按照一定的秩序形成稳定的体系，社会角色的扮演也是

---

① 王健敏．社会规范认同学习中的随机性教学研究[J]．教育研究与实验，1997，3．

② 林晖．重构解读框架：网络时代的主流媒体与中国社会共识[J]．现代传播（中国传媒大学学报），2013，2．

虚幻的。它的存在随时会因各种原因而变得支离破碎，这会给网络社会成员造成精神打击和压力，情绪受到压抑。涉世不深的青少年无法对网络成员进行正确的角色判断，当有上当受骗的情况出现时，就会产生不解、愤怒和茫然等情绪，如果不加分析地把这种情绪带到更加复杂的现实社会中来，则会使他们对现实世界产生认同危机，从而不能正常参与社会生活。①

三是虚拟社会的特性及其与现实生活之间的矛盾给个体的社会认同带来了挑战。正如李莉指出的那样，被誉为"第四媒体"的网络诞生后，人们的沟通联系获得了极大的便利，网络指数级的发展和普及速度使社会的思维方式和交往方式发生了前所未有的根本转变，提高了人们自主、自立、自我选择的意识与能力。一方面，网络的开放性、即时性与扩展性为最大限度地发挥和满足人们的个性创造了条件，社会成员的交往空间不断扩展，交往意识得以增强。然而，个人参与网络形成并不断强化的集聚效应，使网络平台成为不同思想观念表达其真实想法的主阵地，使网络整合能力在赋予人们独立个性的同时大大增加了社会整合的难度。网络社会的个体化生活趋势冲击了社会秩序，社会共同价值受到分裂性的威胁，国家形象塑造的社会认同建构也不能例外，甚至有时会由于社会认同变化引发危机，进而成为加剧社会风险的"助燃剂"。另一方面，网络时代的生存方式与文化特质造成了网络虚拟性与现实性之间的整合与矛盾，它们在对社会运行造成扰动的同时，也受到现实空间里社会运行在话语和实践两方面的影响。这种影响无疑是在社会的秩序与法则中进行并完成的，而无论观念上还是实践上的影响，根源都在于虚拟空间对现实社会的依赖，或者说是网中之人对现实生活的依赖。如果虚拟网络与真实社会之间的角色转换与心理调适不能同步，分裂就可能不仅仅是一种痛苦的体验，还会引发行为上的言语或肢体冲突。在这种情况下，网络社会给国家认同带来了一些挑战。②

---

① 魏宏歆．网络与青少年社会化[J]．公安大学学报，2001，3.

② 李莉．国家形象塑造与社会认同[J]．党政干部学刊，2013，1.

2. 网络社会中社会认同的变化

网络社会的到来，给个体的社会认同带来诸多方面的变化。整体而言，其带来的变化主要有两个方面：一是认同得以发生之条件的变化，二是认同方式的变化。

一是社会认同得以发生之条件的变化。邓志强从整体层面出发，指出：在网络社会中，青少年社会认同的条件发生了诸多变化。具体而言，主要有以下三个方面：认同的基础性条件方面，认同的时空条件、基础条件以及情境条件均发生了变化；认同的结构性力量方面，身份被“隐藏”起来了，认同主体把握情境的能力发生了变化，认同的权力结构发生了变迁；认同的主导性因素方面，信任在认同中的作用被解构了，集体意识在认同中被扼杀了，角色扮演的后台被前移了，人际交往关系被改变了。① 刘少杰则从社会空间的改变入手，探讨了网络社会给社会认同带来的改变。具体而言，网络社会的崛起引发了社会空间的分化，其主要有三种基本形式：一是传统社会的在场空间。二是在场的网络空间。这个空间主要是指与日俱增的个体、企业组织、社会团体以真实的身份，在特定环境中为了追求现实的利益目标而展开了网络交往，形成了一个特定的空间。三是缺场的网络空间。数据急剧上升的个体和很多群体隐匿了自己的身份和实际存在的形式，参与了不受地方性条件和制度规定限制的网络活动而形成的网络空间。这种被吉登斯称为“脱嵌空间”和卡斯特称为“缺场空间”或“流动空间”的网络空间，是网民信息交流比较自由、思想观点比较容易汇集起来并达成共识的开放空间。这些网民或者以完全匿名的形式进入全球性的缺场网络空间，或者以前台匿名而后台实名的形式进入全国性的缺场网络空间。而无论哪种形式都表明他们已经超越了个别位置、特定条件的限制，并因此而不必再去专注自己属于社会的何种身份、何种地位与何种归属，甚至不必在意所在群体的关系制约和制度规范，而是从社会的一般原则、普遍意志和共同价值去表达自

---

① 邓志强．网络时代青年的社会认同困境及应对策略[J]．中国青年研究，2014，2.

己的认同。[①]

二是社会认同方式发生的变化。李冰清指出，在网络社会中，个体的社会认同已经从关注“自己应当如何”的传统身份认同，转向表达“社会应当如何”的建构性身份认同。具体而言，网络时代凸显建构性社会认同的强大社会力量。在网络时代的缺场交往中，大量具有参与意识与参与能力的社会主体所表达的社会认同，已不是被动地关注自己在社会生活中属于哪个阶层并对“自己应当如何”的传统身份认同，而是对社会存在状况或发展势态产生了价值判断与诉求意愿，进而希望发出自己对社会评价与要求的呼声，表达“社会应当如何”的主动的建构性社会认同。这种社会认同往往是通过缺场交往中象征符号引发感性共鸣、经验性事件加剧对立认知、社会性质疑推动理性建设而形塑出来的。[②]周成龙在对网络社会中价值认同进行区分的基础上指出：在网络社会中，引诱认同占据着较为重要的位置。在他看来，网络社会的价值认同主要有强制认同和引诱认同两种形式。如果说在近代全球化中，西方资本主义国家强制非西方国家的人们认同其价值是通过殖民化来实现的。那么，在网络社会中主要是通过技术市场来进行引诱认同的。网络社会中，为了替资本和商品的自由流动扫清障碍，一些西方国家越来越重视以非强制的方式引诱非西方国家的人们投入其价值体系的怀抱，他们运用网络传媒等手段不遗余力地输出其价值观，如 CNN 和 BBC 把演播室设在世界各地，通过网络全天候播放，以传播其价值观。需要强调的是，西方国家尤其重视对社会主义国家的引诱认同，甚至把它提到战略的高度。在一定程度上，引诱认同能够达到强制认同所无法取得的效果。[③]

3. 网络社会中社会认同的影响因素

一是情感。谢金林指出，情感在网络动员过程中发挥着决定性的

---

① 刘少杰．网络化时代社会认同的深刻变迁[J]．中国人民大学学报，2014，5．

② 李冰清．网络时代的缺场交往与社会认同[D]．吉林大学硕士学位论文，2013．

③ 周成龙．网络社会的价值认同与价值冲突[J]．理论探索，2009，2．

作用。从个体层次看，事件对网民的情感刺激决定了网民对事件的解读方式，从而直接影响公共话语建构和网民的社会认同。从社会层次看，网民情感反应根植于社会文化之中，社会文化框架决定着政府与网民互动的模式，直接决定网络动员框架的建构。在此基础上，其进一步指出，打通个体分析层次与社会分析层次的联系是理解情感影响下的社会认同建构的根本，也是理解当代网络动员的根本。①

二是互动，即个体之间的互动或个体与群体之间的互动。在陈比看来，网络社会使互动的基础发生了根本性的变革，沟通的媒介更加快捷，成本更加低廉，所能动员和获取的资源已经超越了实体空间的限制。作为一种特殊的社会动员形式，网络动员打破了传统的社会动员通过现实的社群或组织进行自上而下动员的方式，代之以通过非正式的虚拟社群组织整合网络内外的资源全面展开的方式。一般而言，个体参与该群体活动的积极性越高，对群体的情感依恋越容易维持，对整合不同意见以保障群体的凝聚力越有利。每一个参与信息交流的个体在网络空间中都同时扮演了传播者和接受者的角色，信息传播的双向互动性在社会认同这种文化黏性剂的作用下更加突出。网络社会中的人们会根据不同群体的社会认同，将自己同时归属于不同的虚拟社群组织，特别是网络世界中进入、退出各类群体的程序简化、成本降低，是否加入某一群体中参与其集体行动完全取决于参与者本身，而虚拟社群组织的构建及达成协议统一行动，是以成员之间对统一议题的共同感知为情感依恋的纽带维系，共同的感知需要通过经验分享，也就是成员之间的双向互动逐步增强。因此，互动讨论的信息交流行为将有效提高群体内的社会认同。②

三是网络社会表象。刘少杰认为：在传统社会中，集体表象对于社会认同具有重要的意义。但是，在网络社会中，社会表象的作用却不容小觑。如果直面网络交往行为中的社会认同，不难发现网民们表

---

① 谢金林．情感与网络抗争动员 [J]．公共管理学报，2012，1.

② 陈比．网络动员中的互动行为研究 [J]．学理论，2013，26.

达的大量社会认同是在表象层面展开的，特别是在微博这样一些短小而快捷的网络交流中，网民们表达的多为信念与评价、赞同与否认、接受与排斥等观点，鲜见逻辑推论。大量的是感性层面的意见，而这些意见在广大网民中形成了超越个体和群体界限的社会表象，网络交往中形成的社会表象“是真正意义上的社会表象”，可以简称为网络社会表象。网络社会表象是具有自身主体与社会主体的感性意识，并因此具有与个体表象和集体表象不同的特点和功能。网络社会表象最明显的特点是动态性。传统心理学和认识论谈及感觉、知觉和表象等意识形式时，通常认为表象是感性意识中最稳定的形式，因为表象不仅是在相对完整的知觉意识基础上形成的，而且还能被形象地再现或回忆。网络社会表象也具有这种相对稳定的特点，但因为它是在无数个体参与的无边界的动态交往中形成的，所以网络社会表象既可呈现为不断扩展延伸的过程，也可呈现为渐进趋稳并最终沉寂湮没的过程。在网络社会表象的扩展延伸过程中，网络社会表象具有个体表象和集体表象无法与之相比的巨大的社会整合能力和社会动员能力。①

4. 网络功能与社会认同

一是定制化功能促进了社会认同的形成。詹蹇以“微博”为例进行了分析：微博中的关注与被关注选项，是一种有效的用户定制化策略。在这种策略的影响下，大学生逐渐构建其自己的社群。对于自我认同而言，在追问和质疑中，人们的思维实际上位于一种否定性偏向之中，在否定他人的言论过程中，确认自己的话语权和身份。这是由于“微博的碎片化等特征加剧了社会的离心思维，进而导致了自我确认时的离心思维。大学生在微博上否定权威、解构名人的过程中，确定自己的理性判断能力，进而把握对自我主体性的认知。对于社会认同而言，社群成员的接近性背景、经历、性格和思想容易导致极化观点的产生，而极化观点又能进一步促成个体的社会认同。个体在群体意见中得到的支持，使其获得了群体归属感，并将自己与其他群体区

① 刘少杰．网络化时代社会认同的深刻变迁[J]．中国人民大学学报，2014，5．

别开来”[①]。

二是用户中心功能促进了社会认同的建构。周俊以豆瓣社区为例进行了分析，他认为豆瓣社区用户的社会认同，是在感知内部同一性和外部差异性的过程中完成建构的。从使用豆瓣为了满足图书影音信息的需求，到自我叙述文本的生产发布，到小组中共同话题的发起、参与，再到对特定社区文化定位的追求，无论是用户个体行为，还是用户群行为，都是以用户为中心完成认同的建构。这其中也几乎涵盖了自我传播、人际传播、群体传播和大众传播等主要的传播类型。认同形成的过程中，媒介技术并没有发挥决定性的影响，而只是为用户的精神交往提供了基础的平台。[②]

通过上面的梳理，我们可以发现：当前学界在社会规范认同，尤其是道德认同方面的研究已形成一定规模，它们对于影响社会规范认同或道德认同的相关因素甚至是形成机制进行了探讨，这为后续的研究奠定了较为良好的基础，有助于后续研究思路的开阔以及研究框架的搭建。但是当前研究并未有意识地将社会规范认同放到特定社会背景中，进而导致社会规范认同研究的“语境化”不足，这是其存在的巨大缺陷，即当前研究较为关注社会规范认同的“不变”层面，忽视了其“变”的层面。具体而言，既有的研究多从独立的个体出发，对社会规范认同的影响因素、基本机制等进行探讨。这种探讨忽视了个体之间的交往与互动、忽视了个体所处的社会环境等。一般情况下，社会环境的变化在很大程度上影响着个体的社会规范认同。对于这一点，社会学重要开创者之一的埃米尔·涂尔干（Emile Durkheim）曾经给予过关注。如果忽视社会环境等的变化，研究者对个体社会规范认同的探讨，将带有很大的“实验室”性质。基于这样的考虑，本书对个体的社会规范认同进行研究时，将会进行一个研究定位的转变——将个体的社会规范认同置于

① 詹骞．大学生微博定制化传播中的认同研究[J]．当代传播，2013，5．

② 周俊，毛湛文．网络社区中用户的身份认同建构[J]．当代传播，2012，1．

特定的社会宏观结构之中，进行相关的研究与探讨。

在网络社会中社会认同研究方面，研究者对于网络社会中社会认同发生的转变、社会认同可能转变的方向等问题进行了一定的研究与探讨。这对于我们思考网络社会中的社会认同，具有非常重要的借鉴价值与启示意义。与此同时，上述研究也存在着以下不足。从社会认同发生的空间看，当前国内研究较为重视虚拟社会中社会认同发生的变化，对于网络社会到来之后，社会认同发生的整体性变化探究较少。从社会认同的影响因素看，当前研究对于影响社会认同的外部因素具有一定的思考与探讨，但是对于影响社会认同的内部因素涉及较少。在一定程度上，正是由于这一原因，相关研究者对于内外部影响因素之间的关系、相互作用等的思考也较为少见。从社会认同的建构来看，研究者对于社会认同建构的影响因素、可能方向有所探讨，但是在社会认同建构的基本特征、具体过程等方面，研究者关注较少。这些问题都需要进行深入的研究与探讨。

四、核心概念界定

依据本研究的主要研究假设与问题，本研究的核心概念主要有四个：网络社会、社会规范、认同、个性化建构。

（一）网络社会

目前，无论在研究领域还是在实践领域，“网络社会”都是一个常用词汇。可能正是由于该原因，“网络社会”的内涵见仁见智。为更好地确定这一概念，本部分将首先梳理“网络社会”的各种内涵及其与相关概念的关系。

人们当前主要是在两种意义使用“网络社会”这一概念的。一种是 Internet Society（或者 Cyber Society），一种是 Network Society。[①]Internet Society 也被有些研究者称为拟社会化的赛博空间（cyberspace）。它是一种与现实社会并列的“亚社会”类型，即所谓的“虚拟社会”。在一些研

① 王冠.“网络社会”概念的社会学建构[J]. 学习与实践，2013，11.

究者看来，cyberspace是一个人类神经系统和电信网络系统相结合的状态，科技进化到人类可以用无所不在的网络进行沟通，人的意志穿梭在一个绵密的网络中，实体空间中的互动、接触完全被人工虚拟世界中的符号编码所取代，人与人的交流与互动建立在一个由交感的幻觉所形成的虚拟世界上。①Network Society则是在网络时代的意义上使用的，与农业社会、工业社会相对应，实际上是指受到网络所影响的整个社会，是一个新的社会发展阶段。美国理论家曼纽尔·卡斯特在其《网络社会的崛起》一书中把信息时代的社会称为“网络社会”（Network Society）。

此外，一个与“网络社会”密切相关的概念是“信息社会”。对于这两个概念，一些研究者进行了分析。信息社会是一种新的社会类型。在这种社会中，信息在各种活动中的密度非常高，以至于会在以下四方面产生影响：一是基于科学性、理性和自反性的社会组织；二是经济的所有利益和领域，包括农业和工业领域，都因为信息产品而获得增长；三是劳动市场要求大规模甚至全体成员都具有更高的知识和教育水平（由此出现了知识社会）；四是由媒介及其包括符号、象征和意义在内的信息产品主导文化。② 网络社会可定义为：一种新的社会类型，是一个在个体、群体和社会等各个层面上都以社会和媒介的网络为深层结构的社会。进而言之，不论是个体的、群体的还是组织的，其要素都通过网络联系在一起。在西方社会，个体已经成为网络社会基本的网络连接要素；在东方社会，这些被网络连接的仍是群体，如家庭、社团和工作组织。③ 这两个概念各有侧重。信息社会强调社会的构成内容，从“内容”层面界定社会。网络社会强调的是现代社会组织架构，从“组织”层面界定社会。在这种社会中，“社会和媒介的网络形成了基础设施”。④ 与此同时，这两个概念之间也存在

① 何精华. 网络空间的政府治理[M]. 上海：上海社会科学院出版社，2006：1.
② 简·梵·迪克. 网络社会（第三版）[M]. 北京：清华大学出版社，2020：26.
③ 简·梵·迪克. 网络社会（第三版）[M]. 北京：清华大学出版社，2020：27.
④ 简·梵·迪克. 网络社会（第三版）[M]. 北京：清华大学出版社，2020：26.

着密切关系，卡斯特对其进行了较为细致的分析。

卡斯特认为，“信息社会”“信息化社会”等概念有其合理之处，原因在于：信息的确在社会中扮演了重要的角色，信息的生产、处理与传递成为生产力与权力的基本来源。与此同时，他指出：无论是用“信息社会”还是用“信息化社会”来命名网络所影响的社会，都存在着一定的不足。就“信息社会”这一概念而言，“信息”是在所有社会形态中普遍存在的，它不足以揭示当下的新型社会结构的特殊性。就“信息化社会”而言，它意味着在新系统下，各处的社会形式均属于同质。但是新浮现出来的新社会结构，随着地球上不同的文化与制度，以不同的形式表现出来。如日本、西班牙、中国、美国等都可能倾向于信息化社会，但是这些国家又呈现出不同的特征。因此，无论是在经验上还是在理论上，“信息化社会”都很难成为精确描绘当下社会核心特征的一个概念。[①]

在此基础上，卡斯特指出：作为一种历史趋势，信息时代的主要功能和方法均是围绕网络构成的，网络构成了我们社会新的社会形态，是支配并改变我们社会的源泉。“作为一种历史趋势，信息时代支配性功能与过程日益以网络组织起来。网络构建了我们社会的新社会形态，而网络化逻辑的扩散实质地改变了生产、经验、权力与文化过程中的操作和结果。虽然社会组织的网络形式已经存在于其他时空中，新信息技术范式却为其渗透扩张遍及整个社会结构提供了物质基础……网络化逻辑会导致较高层级的社会决定作用甚至经由网络表现出来的特殊社会利益：流动的权力优于权力的流动。在网络中现身或缺席，以及每个网络相对于其他网络的动态关系，都是我们社会中支配与变迁的关键根源。”[②] 卡斯特认为这种社会网络通过改变生活、空间和时间的物质基础，构建了一个流动的空间和无限的时间。这种社

① 何明升．网络社会学导论[M]．北京：北京大学出版社，2020：36.

② 曼纽尔·卡斯特．网络社会的崛起[M]．夏铸九，等，译．北京：社会科学文献出版社，2006：434.

会的新型组织形式（即网络社会），正在渗透全球，遍及整个世界。

那么，网络化的逻辑是什么呢？这需要从网络的构成要素谈起。通常认为，网络由三项主要元素构成：节点（node）、纽带（tie）与流量（flow）。节点是一个独特的点，通往至少一个其他的点，不过一般来说，节点所通往的点不止一处。纽带把两个节点联系起来，而流量则是在两个节点中，借由纽带来进行传输。在构成网络的三项元素之中有一些变数，这些变数如果加在一起，就可以形塑出任何网络所具有的特性。① 从网络社会这个主题来看，当代的社会、政治与经济，其中的实务、机构和关系，皆围绕着“网络”这个形式来进行组织，亦即由纽带来联系节点，并传输流量。

通过上面的阐述，我们可以看出：Internet Society 主要是基于网络的技术属性界定的，指的是计算机网络技术所形成的一种相对独立的生活环境，基本上是全新的。Network Society 则不同，这种界定主要侧重于描述网络影响下社会内容、社会结构、社会观念等方面的变化。此时，“网络社会”不仅仅是一种文化现象，还是一种社会内容和组织方式。而且，组织方式更能体现其特征②。基于这样的思考，本书所谓的网络社会，指的是按照“网络化逻辑”形成的社会。具体而言，它是这样一种社会类型，即社会组织、架构以及社会逻辑等

① 节点可以是力量强大的也可以不具力量，可以是主动的也可以是沉寂的，可以是静态的也可以是动态的，可以是永久的也可以是暂时的；对于各种不同的网络流量来说，节点可以是施予的或接受的。纽带可以是强固的也可以是脆弱的，可以是私人的也可以是公众的，可以是单一的也可以是复数的，可以是独一无二的也可以是多余的，可以是零星的也可以是稠密的，可以是平行的也可以是交叉的。流量可以是大量的也可以是少量的，可以是持续的也可以是间歇的，可以是单向的也可以是互惠的，可以是同一方向也可以是多个方向，可以是平衡的也可以是不平衡的，可以是有意义的也可以是无意义的。

② 我们对于某个时代的命名，往往是以这个时代的核心精神为基础的。卡斯特认为，我们这个时代的核心精神是“资讯主义精神”。这种精神存在于一般的文化符码之中，而这套文化符码把种种网络黏合起来，并构成了当代社会。其进一步指出，“网络是一套文化的符码，但如果想在某个特定时间及空间之中，将网络中的立场固定为一种文化符码，这必定会使网络丧失实效性”。综合而言，与其他概念相比，“网络社会”这一概念更为符合时代精神的意蕴，并能反映这一时代的核心精神。因此，本研究将当前的这个社会定义为“网络社会”。

方面，均受到网络的影响，具有网络化的基本特征。当涉及 Internet Society 层面上的“网络社会”时，我们将使用“虚拟社会”一词予以指称。

（二）社会规范

规范（normal）一词来源于拉丁文“norma”，本义指的是木匠手中的“规尺”，后引申为人的行为标准，进而形成一个特定概念——“社会规范”（social norms）。当前，关于“社会规范”究竟为何，研究者见仁见智，不一而足。有研究者通过梳理指出，在社会规范的界定方面，以下四种观点较有代表性。

第一，规范，即范式。美国哲学家托马斯·库恩（Thomas S. Kuhn）认为，规范指科学共同体成员共有的一整套规定，它决定着共同体成员的共有信念和价值标准，即他们的自然观、世界观和价值观。第二，社会规范是历史形成或规定的行为与活动的标准。社会规范执行一系列诸如调节、选择、评价、稳定、过滤等功能。社会规范限定着人与人之间的关系。第三，社会规范指一个社会诸成员共有的行为准则和标准。规范可以内化成个人意识，即使没有外来的奖励他也会遵从；规范也可以因外部的正面裁决或反面裁决而发生作用。规范比价值或理想更为具体。第四，社会规范是一种社会行为规则，它是组成社会群体成员可接受或不可接受行为的各项文化价值标准。①

上述这四个方面的观点能够让我们从整体上了解研究者对于社会规范的界定。为了更为清晰、详细地界定社会规范的概念，我们还需要对社会规范的类型有所了解。依照不同的分类标准，社会规范具有多种分类方式，较有代表性的观点有以下两种。按照社会规范的作用取向划分，社会规范可以分为社会责任规范、回报的规范及社会公平规范。社会责任规范告知人们有责任帮助那些依赖于自己的人；回报的规范要求接受过帮助的人有义务去回报提供帮助的人；社会公平规

① 郑晓明. 异文化圈社会规范层次结构模型的比较研究[M]. 北京：经济科学出版社，2003：4-5.

范确保人们所得到的与他们所付出的成正比例关系。[①]

按照社会规范的表与里，社会规范可以分为浅层规范和深层规范（价值规范）。“浅层规范是指人们能够观察到或意识到的各种现象性的社会规范”，而深层规范则是指“隐含于社会系统中不能经常为人们所认识到的、决定浅层规范的本质性规范”[②]。

通过上面的描述，我们可以较为详细地了解到社会规范的多种内涵以及维度。那么，社会规范究竟是什么？在对这一概念进行界定之前，本书根据上文的梳理，归纳出共同点。

第一，从表面上看，社会规范是一种行为准则，即社会规范对于人们的日常行为具有规约与指导作用，告诉人们应该做什么、不应该做什么以及如何做等内容。第二，从内在而言，社会规范是一种价值体系，包含特定的价值观念。第三，从作用上来看，社会规范的主要作用是对不同主体间关系的一种调节，如个体与个体之间、个体与社会之间。

基于上述思考，社会规范可以这样界定：它是社会成员为了共同生活与社会正常发展需要，在各种社会活动中创造出来的，存在于各个社会领域的共同价值标准和行为准则。它的主要目的是约束和指导人们的行为，调整人们在生产生活中的相互关系。它的存在具有地域性与时代性，因而有些社会规范无法要求全体社会成员普遍遵守，但它的存在已得到社会成员的接受，在社会中具有合法性。

（三）认同

近几十年来，“认同”是一个经常出现的概念，但是研究者对其界定并不完全一致。一些研究者认为，认同包含两个对立的意识：“其一，统一性，即‘自我归类’，与他者共有的素质或者情况；其二，个性，即作为一个长期存在的实体的个人所具有的不同于他人的鲜明

① 郑晓明．异文化圈社会规范层次结构模型的比较研究[M]．北京：经济科学出版社，2003：8–9．

② 庄平．社会规范系统的结构与机制[J]．社会学研究，1998，4．

的个性。"[①] 一些研究者则从哲学角度认为认同包含三种不尽相同的含义。第一种含义是指"同一、等同（oneness/sameness）"，就是指某种事物认定与另一种事物为相同事物的现象。第二种含义是指"确认、归属（identification）"。"确认"是指一个存在事物由辨认自己的特性，从而知道自己与他物不相同，肯定了自己的个体性。"归属"是指一个存在物由于辨认出自己与其他事物的共同特征，从而知道自己的同类何在，肯定了自己的群体性。认同的第三个含义是"赞同、同意（approval/agreement）"。这里表现出明显的自我选择色彩。通过上述界定，我们可以看出：研究者对于认同的具体界定有所不同，但都承认基本的内涵："归属"与"赞同"。

随着社会的变化，认同的内涵也在发生着改变。例如，曼纽尔·卡斯特指出，网络社会出现之后，认同的含义也发生了一定的变化。他认为，在社会生活网络化背景下，认同已经不同于传统社会学和个体心理学界定的个体认同或身份认同，个体的身份认同实质上是寻求个人怎样得到社会的认可，这种认同思考的是个体在社会中处于何种层面、地位或扮演某种角色，希求的是个体得到社会某种层面或某种群体的认可与接受。可以说，网络社会中的认同发生了根本变化，甚至是颠覆性的变化，因为网络社会中的认同不再是个体被社会认同，而是被网络联系起来的个体怎样评价、认可和接受社会。[②] 结合卡斯特的定义，我们认为，网络社会中的"认同"概念并不仅仅指"归属"与"赞同"，还需要包括个体对社会的"评价""反思"甚至"改变"。而且，在先后顺序上，"评价""反思"与"改变"很有可能是先于"归属"和"赞同"的。

（四）个性化建构

个性化建构一词是个性化与建构组合而成的。了解它的基本概

---

① 李友梅，肖瑛，黄晓春. 社会认同：一种结构视野的分析[M]. 上海：上海人民出版社，2007：2.

② 刘少杰. 网络化时代的权力结构变迁[J]. 江淮论坛，2011，5.

念，首先需要对个性化与建构分别进行厘定。

从哲学范畴上讲，个性指单个的事物区别于其他事物的个别的、特殊的性质，与“共性”相对。[①]依照这一含义，个性化则是指某种社会存在通过增加种种独特、另类的东西，或者对于一些东西建立独特、另类的组合，进而不断走向个别化、特殊化的状态。对于个体而言，个性化的实现主要从气质、情感、兴趣、爱好等多方面入手。

建构一词本来是建筑学上的词汇，后被建构主义理论移用，进而广泛运用于学习科学中。按照建构主义的基本理解，事物的理解“不是简单由事物自己决定的，事物信息要被人理解，依赖于个体原有的知识经验，不同人常常会因此而建构不同的意义”。[②]建构知识的过程可能会对客观知识或者主观经验有所改变，但这并不是必然的。建构的本质内涵是建立意义连接，是一种自主生成性的活动。正如皮亚杰、维果茨基等人所认识到的一样，“个体内部的建构过程是基础”[③]。从建构主义学习理论对于“建构”的解释可以看出，建构实质上是指个体依据既有的“存在”（这可能是各种社会条件与材料，也可能是自我的经验与意义），构造新的“存在”的过程。这种新的“存在”，并非是对既有社会存在的完全抛弃，而是对其进行重新编排与运用，使其具有新的形式或内涵。

通过对个性化与建构两个概念的简单梳理，本书认为：所谓个性化建构，是指个体以自己的需要、利益、兴趣等方面为出发点，运用自主意识和能力，在既有存在的基础上生成事物或意义的过程。

五、理论基础

在网络社会与认同研究方面，曼纽尔·卡斯特进行了广泛而深入的研究，并发展出了一套视野开阔、内容新颖的网络社会学理论，为

① 商务印书馆辞书研究中心．新华词典[Z]．北京：商务印书馆，2001：318．

② 张建伟，孙燕青．建构性学习[M]．上海：上海教育出版社，2005：39．

③ 张建伟，孙燕青．建构性学习[M]．上海：上海教育出版社，2005：49．

后续研究者进行相关研究提供了坚实的理论基础。

（一）网络社会学理论的基本内容

按照网络社会学理论的基本旨趣，这一理论的基本观点可简单地概括如下：

1. 信息技术：塑造社会形态的重要力量

在卡斯特看来，计算机、互联网和移动通信等信息技术，给人类社会带来一种崭新的社会形态——网络社会。之所以说信息技术塑造了一种新型的社会，原因在于："以信息技术为中心的技术革命，正在加速重造社会的物质基础。"①由此可以看出，他继承了马克思关于生产力决定生产关系、经济基础决定上层建筑的社会结构运动变迁的基本观点。虽然卡斯特非常重视信息技术革命对人类生活领域的影响，但是，他仍然谨慎地提醒道：信息技术革命是"分析正在成型的新经济、社会与文化之复杂状态的切入点"，但这"并非暗示新社会形式与过程的浮现乃是技术变迁的结果"。②这一谨慎的提醒实质上是一种警示：切勿落入技术决定社会的窠臼。正如一些研究者在梳理卡斯特的思想时所强调的那样：技术和社会是辩证互动的关系。即"技术、社会、经济、文化与政治之间的相互作用，重新塑造了我们的生活场景"。③那么，网络社会是如何在信息技术的影响下形成的呢？

按照卡斯特的理解，"社会是环绕着人类过程而组织起来的，而这些过程则被历史决定的生产、经验和权力关系所构成"④。信息技术的出现，改变着生产、经验与权力，进而生成了网络社会。所谓生产，"是人类为了得到好处而使用和转变物质（自然）而采取的行动，

① 曼纽尔·卡斯特. 网络社会的崛起[M]. 夏铸九，等，译. 北京：社会科学文献出版社，2006：1.

② 曼纽尔·卡斯特. 网络社会的崛起[M]. 夏铸九，等，译. 北京：社会科学文献出版社，2006：4.

③ 何明升. 网络社会学导论[M]. 北京：北京大学出版社，2020：34.

④ 曼纽尔·卡斯特. 网络社会的崛起[M]. 夏铸九，等，译. 北京：社会科学文献出版社，2006：13.

依社会决定的各种目标来获取产品，（不均等地）消费其中的部分，并为投资而积累剩余”[①]。从根本上讲，这些剩余的水平由“特定生产过程中的生产力所决定”[②]。在不同的技术环境下，生产力的来源具有一定的差异性。在农耕技术下，生产力与自然资源（特别是土地）的数量以及天然性质密切相关；在工业技术下，生产力与新能源及将新能源的使用传散于整个生产与流通过程中的能力紧密相连；在信息技术下，生产力则与产生知识、处理信息及象征沟通的技术紧紧相依。

对于社会而言，技术与生产的关系虽然是在“源自社会之支配性领域的范式里组织起来”[③]的，但它们会扩散到整个社会关系和社会结构中，以致穿透与修改了权力与经验，进而改变着社会的形态。具体到信息技术，卡斯特以美国社会为例进行了说明。他认为，信息技术使得知识生产、经济生产力、政治—军事权力以及媒体传播的过程被信息化范式所深深转化，并且连接上依此逻辑运作的财富、权力与象征的全球网络，进而生成一种全新的社会形态。通过以上论述，我们可以发现：信息技术实质上是通过影响生产力、生产关系等方面，塑造一种新的社会形态。

在继承马克思基本思想观点的同时，卡斯特也坚持了马克思的方法论原则。他延续着马克斯·韦伯（Max Weber）在《新教伦理与资本主义精神》中形成的基本理论准则，指出上层建筑之一——“新文化制度形态”在网络社会中的意义与价值，卡斯特将这种形态称为“信息主义精神”。具体而言，信息主义精神是一种共通的文化符码，“它由许多文化、许多价值、许多计划所组成，穿越了参与网络的各种成员的心灵，影响其策略”。需要注意的是，“它确实是一种文化，不过是一种

① 曼纽尔·卡斯特．网络社会的崛起[M]．夏铸九，等，译．北京：社会科学文献出版社，2006：14.
② 曼纽尔·卡斯特．网络社会的崛起[M]．夏铸九，等，译．北京：社会科学文献出版社，2006：15.
③ 曼纽尔·卡斯特．网络社会的崛起[M]．夏铸九，等，译．北京：社会科学文献出版社，2006：16.

转瞬即逝的文化，是每个策略决定的文化，是经验与利益的拼凑，而非权利与义务的宪章”[①]。在这种情况下，作为一种文化的信息主义精神是无法凝结为特定的时间及空间文化符码的，它始终处于一种流动的状态。对于信息主义精神，卡斯特总结道:“信息主义的精神是‘创造性破坏’的文化，而此创造性破坏的速度已达到处理光电信号反馈的速度。”[②]

2. 认同：随权力关系的变化而变化

在网络社会这种新型的社会形态里，认同的变化同样是卡斯特网络社会学理论的一个重要构成部分。在谈到认同时，卡斯特指出:“认同的社会建构总是发生在标有权力关系的语境里。”[③]因此，认同是随着权力关系的变化而不断变化的。在《认同的力量》一书中，卡斯特对不同认同形式与权力关系进行了较为详尽的探讨。在此，我们仅以认同形式之一——合法性认同为例示之。

卡斯特认为，所谓合法性认同，指的是在一套完整的组织与制度中，一系列被结构化、组织化的社会行动者再生产出合理化其结构性支配来源的认同。这种认同之所以产生，主要是社会中一元化逻辑占据着支配地位。而这种一元化逻辑，主要是一元化权力所塑造的。

一元化的权力有着多重表现形式，父权制就是一个典型代表。父权制的特征是在家庭地位中制度性地强化男性对妇女和子女的权威，具有纯粹的支配性。[④]一元化权力，意味着与生产力、生产水平相关的社会资源、生产工具均掌握在特定主体手中，这一主体因而手握生杀大权，能够有效地控制整个社会，维持社会的稳定。这种权力“将社会生活的各种权力集中在一个行政体系中，竭尽全力地掌控整个

---

① 曼纽尔·卡斯特. 网络社会的崛起[M]. 夏铸九，等，译. 北京：社会科学文献出版社，2006：190.

② 曼纽尔·卡斯特. 网络社会的崛起[M]. 夏铸九，等，译. 北京：社会科学文献出版社，2006：190.

③ 曼纽尔·卡斯特. 认同的力量[M]. 曹荣湘，译. 北京：社会科学文献出版社，2006：6.

④ 曼纽尔·卡斯特. 认同的力量[M]. 曹荣湘，译. 北京：社会科学文献出版社，2006：195-196.

社会系统的命运”[①]。在这种情况下，个体或出于习惯，或为了避免惩罚，会去认同那些能够为本社会所允许的社会事物。简言之，一元化权力对个体有着严密的监督，安排着个体的社会认同。

网络社会到来之后，随着权力的多元化，认同也逐渐发生了转变，进而产生了抗拒性认同甚至是规划性认同。对于这两种认同背后的权力关系，我们在此不再赘述。总而言之，在卡斯特的观念里，认同并非一成不变的，而是随着权力关系的变化而不断变化。

（二）理论的适切性分析

本研究之所以采用卡斯特的网络社会学理论作为理论基础，原因在于其较为契合本研究的问题。本研究的基本问题是：网络社会中，青少年的社会规范认同发生了何种变化？在回答这一问题的过程中，本研究既需要对青少年社会规范认同发生的社会背景——网络社会有一个相对清晰的了解，又需要对具体的研究问题——青少年社会规范认同的时代特征进行解答。网络社会学理论恰恰能够对这两个方面有所回应。

网络社会学理论首先关注网络社会这一新型社会形态。在分析网络社会时，网络社会学理论从信息技术对物质基础的改变出发，分析了以计算机技术等为核心的信息技术对社会结构、权力关系等产生的影响与改变。在此基础上，网络社会学理论提出诸多新颖的思想观点及一系列极具冲击力的相关概念。具体到本研究而言，这一理论对于我们分析网络社会的变化及其对个体认同的影响，不仅提供了理论原则方面的启示，还为我们贡献了诸多可以参考的观点与可以使用的关键概念。

此外，网络社会学理论还较为关注网络社会中认同的变化及相关的影响因素。在认同方面，网络社会学理论将认同划分为三种形式，在将其与权力关系方面进行分析与探讨的同时，还在一定程度上指出了认同的发展方向。这一关于认同的详细阐述，一方面为我们分析认

① 刘少杰. 后现代西方社会学理论（第二版）[M]. 北京：北京大学出版社，2014：344.

同提供了丰富的思想资源，另一方面则对于我们探讨认同的变化提供了一些有益的启示（如探讨认同问题需要与权力关系联系起来）。

综上可见，网络社会学理论对于我们分析网络社会中青少年的社会规范认同并做出相关解答，提供了一些非常适切的思想资源。

六、研究方法与研究框架

（一）研究方法

1. 方法论问题

青少年认同社会规范的过程，是青少年通过认同社会规范，在社会中谋求合理合法位置，由“自然人”逐渐变为“社会人”的过程。由此可见，青少年的社会规范认同过程，实质上是一个青少年不断社会化的历程。根据社会学的一般理解，社会化指的是“自然人”成长为“社会人”的过程。从一定的意义上讲，刚出生的婴儿是同其他动物无多大差别的生物人或自然人。社会通过各种教育形式，使自然人逐渐学习社会知识、技能与规范，从而形成自觉遵守与维护社会秩序的价值观念和行为方式，取得社会人的资格。① 这一过程受到诸多因素的影响。从内部而言，青少年的价值观念、认知能力、思维水平与模式等方面，均是影响青少年社会化的因素。从外部来看，青少年所处社会的社会结构状况、社会发展速度以及社会文化等方面，同样是左右青少年社会化的重要因素。虽然社会方面的要素是一种外在要素，但是其可以通过作用于青少年自身的各种因素，进而影响青少年的社会化进程。这意味着，青少年的社会化并非是一个简单的心理过程，需要将其置于具体的社会结构与文化脉络中进行把握与解读。青少年的社会规范认同作为青少年社会化的一个重要构成部分，同样受到社会结构的影响，需要放置在特定社会语境下进行讨论。本研究所要探讨的主要问题是网络社会中，青少年的社会规范认同具有何种特

① 中国大百科全书编辑委员会．中国大百科全书·社会学[M]．北京：中国大百科全书出版社，1991：303．

殊性。这一问题实际上是要探求网络社会中特定社会结构、社会发展速度以及社会文化等因素对于青少年认同社会规范时价值观念、行为方式等诸多方面的影响。回答这一问题时，需要研究者将青少年的个体行为与整个社会结构联系起来。

在现有的研究范式中，"结构 / 制度"范式能够为本研究提供方法论上的启示与指导。"结构 / 制度"是一种基于社会结构与制度变化分析社会现象的基本方法。这一分析方法较为重视社会结构变化对于个体行动的影响与作用。"如果我们仔细观察的话，就会发现人类社会是一种很令人感到惊讶的事物。我们眼睛所看到的、心灵所感知的对象不过是一个个具体存在的人，但每个人之间却通过许多看不见的无形网络贯穿起来……人类在组成社会的过程中必然产生出一套社会的'文法'规则，让这个社会的成员可以根据一套明示或隐含的'文法'，自觉不自觉地进行和操作各种社会行为。"[①] 这种或隐或显的"文法"，就是社会中的结构 / 制度。这种深藏不露的社会结构 / 制度，默默地影响着人们的行为。因此，个体的行为与社会结构有着深厚的渊源与密切的联系。

"结构 / 制度"分析方法的基本观点是：在分析探讨个体的社会行为时，研究者需要了解个体生存的社会环境，并将个体的社会行为与社会结构之间建立有机联系，进而基于社会结构探讨个体的具体行为。因此，在运用"结构 / 制度"方法分析社会行为时，研究者往往会特别重视具体"事件"或"过程"所反映的社会（结构）关系。因为他们假定，人的行动是被他生存其中的（正式或非正式）制度所刺激、鼓励、指引和限定的，"事件"是现时各种制度、社会关系（结构）复杂作用的"产物"。在这假定中，制度之于行动显然具有更为重要的地位，因为不同的制度，会刺激出不同的行为（发生不同的事件）。因此，某种策略被选择，说明在当下的制度体系（包括正式或非正式的结构关系）中，它们比较有效。这些背后的东西运行的结

① 贾馥茗，等. 教育学方法论[M]. 南京：江苏教育出版社，2008：97.

果，使得行动者能够预见应采取的“策略”方向和后果，而在其他的制度和关系结构下，该策略可能难以被激发出来。这就是说，不同的制度运作体系影响着行动策略的选择和其所带来的有效性，策略的变化方向和幅度遵循一定的制度逻辑。比如，废除公费医疗（制度）引发了一些人抢购药品行为（行为 / 事件）的产生。显然，“事件”的发生和制度变化的实质——不同人群的权力关系（结构）变化有关。

需要注意的是，“结构 / 制度”中所说的“制度”不是通常意义上的“规定”，因为没有实际作用的“规定”并不是社会规范意义上的“制度”。制度可能潜藏其中，但必须是真正规范行为的东西。笼统地说，“制度”是广义的，它是对社会各种行为正当性的确定体系。由于“正当”的另一种意思，是确定行动的权利 / 责任 / 义务的边界，人们的政治、经济和社会关系都需要依循这种基本边界（虽然也不乏有条件的弹性），故而“制度”也确定着人们的关系“结构”。制度有文字或非文字的形态，许多制度规则是以非文字的形式存在的，如人们所说的惯例、传统或文化。但是，无论是以什么方式存在，它都应实际规范着人们的行为，并包含一系列人们熟悉、效法乃至认同的基本原则。①

对于本研究而言，“结构 / 制度”分析法的主要启示意义有二。一是注意探讨青少年社会规范认同所发生的社会背景。探讨网络社会中青少年的社会规范认同时，需要分析网络社会的基本结构与运行规则。一方面，社会结构是青少年认同社会规范时所处的舞台，社会结构的层级类别、相互关系以及开放程度等因素，均影响着青少年社会规范认同的具体方式与基本特征。因此，本研究在对网络社会中青少年社会规范认同现象进行探讨时，将以对网络社会中社会结构的分析为重要基础。另一方面，社会运行规则是左右青少年社会规范认同的重要力量，社会运行规则将具体影响着青少年认同社会规范时所使用的策略、话语等诸多方面。故本研究在分析青少年的社会规范认同

① 张静．基层政权：乡村制度诸问题[M]．杭州：浙江人民出版社，2000：10–19.

时，将对社会运行规则进行详细的探讨。二是注意挖掘特定社会事实背后的社会结构与社会制度。在网络社会中产生或出现的有关青少年社会规范认同的社会事实，在很大程度上受到潜藏于后的社会结构的影响，蕴含着特定的社会结构与制度。本研究将从这些表面现象入手，在分析其社会结构等方面的基础上，探讨青少年社会规范认同受到的影响与其蕴含的特殊性。

2. 具体研究方法

第一种是案例研究法。一般情况下，案例中蕴含着丰富的意义与内容，可供研究者进行挖掘与分析。本研究选取的案例主要有两种类型：一种是教育案例。所谓教育案例，指的是教育者在对青少年进行有关社会规范教育引导时所使用的具体事例。另一种是社会案例。这主要是指在社会生活中发生的、能够反映社会规范认同的具体事件，如年长一代与青少年一代在社会规范认知、运用方面冲突等事例。考虑到网络在我国的普及基本上是在 2000 年之后，因此本研究所选择的案例均以 2000 年为节点。

第二种是文本分析法。本研究主要选取两个方面的文本：一是能够反映、体现青少年社会规范认同状况的歌词、电视电影台词、网络互动等文本，予以分析。二是那些与社会规范直接相关的文字资料。在这个方面，本研究将从选取青少年所认同的一些规范及他们对于这些规范的评价、态度等角度进行分析。

（二）研究框架

从整体的框架上讲，本研究遵循着“描述现象—应对策略”的基本思路，探讨网络社会中青少年社会规范认同的变化与教育回应措施。即，本研究将首先对网络社会中青少年社会规范认同的基本特征进行分析探讨，并在此基础上提出具有针对性的德育建议。依据这一思路，本研究主要分为两个主要部分：一是事实研究，即网络社会中青少年社会规范认同的特殊性；二是对策研究，即网络社会中青少年社会规范认同的德育回应。

在分析探讨网络社会中青少年的社会规范认同时，本研究将根据社会规范认同的基本结构与逻辑顺序，展开分析论证。社会认同论的重要代表人物泰弗尔（Tajfel）及其追随者从20世纪60年代中期开始，经过十多年持续不断的努力，构造了以“社会范畴化、社会比较、认同建构和认同解构/重构为核心的社会认同论”[①]。这三个要素，实质上是个体在社会认同时所经历的三个步骤，三者构筑了一个社会认同过程。如果进行简单的类比与嵌套，研究网络社会中青少年的社会规范认同，在很大程度上就是探讨青少年在认同社会规范的过程中，社会规范范畴化、社会规范比较、社会规范认同建构和认同解构/重构这三个方面在网络社会中的特殊性。当然，具体研究的开展并不能进行如此简单的类比，详细内容与阐述将在下文中呈现。

在泰弗尔看来，社会范畴化是社会认同的第一个环节。这一环节是个体将社会进行分类管理，并增强不同类别之间差异的过程。该过程为个体提供了一个定向系统，并创造和界定个体在社会中的位置。[②]这种定向与位置的界定，实质上为个体归属或接受特定范畴提供了选择的可能。依据个体主动性程度的差异，这种归属或接受随着社会状况的不同而不断游走于被动与主动之间。具体到青少年的社会规范认同这一主题上，社会范畴化并非简单指青少年对社会中的规范体系进行分类，它更多地意味着青少年如何选择或获得其所认同的对象——社会规范。即，青少年是较为被动地接受社会的既有安排，还是能够较为主动地选择一些规范体系。因此，回答这一问题成为本书第一章的主要内容。如前所述，个体的行为受到社会结构方面的影响，因而，第一章将在分析网络社会中社会结构与社会规范体系变化的基础上，回答青少年是如何获得其认同对象这一问题的。

在明确了自己所归属或接受的范畴之后，个体进入社会认同的第

① 迈克尔·A. 豪格，多米尼克·阿布拉姆斯. 社会认同过程[M]. 高明华，译. 北京：中国人民大学出版社，2011：12.

② 方文. 学科制度与社会认同[M]. 北京：中国人民大学出版社，2008：81.

二个过程：社会比较。[①]为了实现社会比较，个体需要将自己内心的理解、感悟通过一定的“线索”表现出来。这些线索多种多样，有符号、交流工具、生活方式等。可以说，个体通过“对词语、姿态、行为和其他标识不同认同和角色执行信息的认知能力，可以消除互动的大部分模糊性”[②]。在这种情况下，社会不同范畴之间能够进行较为清晰的比较。在不同的社会政治、经济、文化等状况下，个体对于这些线索的利用具有一定的差异性。由于这些“线索”是内在价值观念的外在反映，它们之间的组合也就标示着社会认同的基本价值取向。在网络社会中，青少年认同社会规范时也需要进行社会比较，借助于各种“线索”标明甚至捍卫自己所认同的社会规范。因此，探讨网络社会中青少年借助各种线索组合形成的社会规范认同的表达 / 表现 / 表明方式，成为本书第二章的主要内容。

社会认同的第三个过程是建构 / 解构 / 重构。“社会是由大规模的社会范畴（种族、性别、宗教、阶级、职业等）所组成的，这些范畴在权力、地位、声望方面彼此相关。”[③]在社会认同过程中，个体对于特定范畴的最终归属与接受，必然受到这些范畴背后之权力结构、权力关系的影响。在不同的权力体系影响下，个体认同社会的具体方式存在着一定的差异性。作为社会认同的一个重要组成部分，青少年的社会规范认同方式同样受到权力体系的影响。如果说第二章描述的是网络社会中青少年认同社会规范的基本价值取向，那么，探讨青少年在网络社会中认同社会规范的基本方式，则成为本书第三章的主要内容。

依照本研究的整体框架，本研究在完成上述三章的写作之后，将以此为基础，分析讨论网络社会中青少年社会规范认同的时代特征与

---

① 迈克尔・A. 豪格，多米尼克・阿布拉姆斯. 社会认同过程[M]. 高明华，译. 北京：中国人民大学出版社，2011：12.

② 乔纳森・特纳. 社会学理论的结构（下）[M]. 邱泽奇，等，译. 北京：华夏出版社，2001：44.

③ 迈克尔・A. 豪格，多米尼克・阿布拉姆斯. 社会认同过程[M]. 高明华，译. 北京：中国人民大学出版社，2011：34.

特殊性，并依据这些变化，提出具有针对性的德育建议。这构成本研究第四章的基本内容。

联系到理论基础，本研究将以青少年认同社会规范的过程为基本逻辑框架，确定各个章节的顺序以及需要讨论的基本内容。同时，在各个章节的行文过程中，本研究将以网络社会学理论作为分析讨论问题的视角，从网络技术给整个社会带来的改变出发，探讨网络社会中青少年社会规范认同的具体内容。

除绪论（本部分主要是介绍研究缘起、核心概念、研究现状、理论基础与方法论）与结语（本部分主要是总结本研究的基本结论、探讨需要进一步研究的问题）外，本研究的基本框架可如图绪 -3 所示。

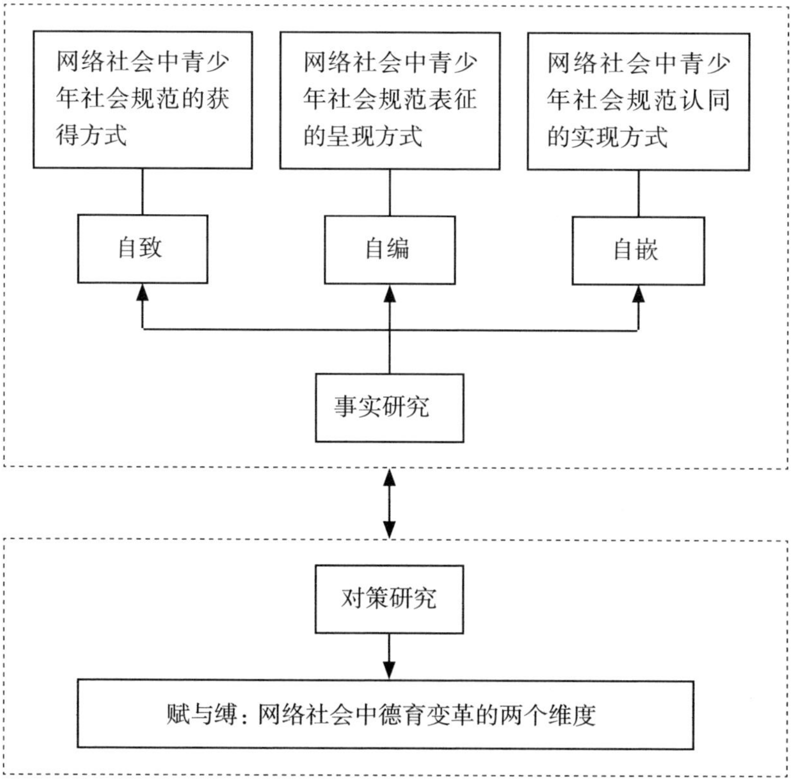

图绪 -3　本书的框架

第一章

自致：网络社会中青少年社会规范的获得方式

无论哪个阶级的人们，若要在现代社会中生存下去，他们的性格就必须接受这个社会的可变和开放的形式。现代的男女必须要学会渴望变化，不仅要在自己的个人和社会生活中不拒绝变化，而且要积极地要求变化，主动地找出变化并将变化进行到底。

——马歇尔·伯曼

对于正处于社会化历程中的青少年而言，其所需要认同的社会规范是一种外来之物。作为一种外来之物，社会规范进入、呈现在青少年生活之中的方式（可以称之为“青少年获得社会规范的方式”）与社会结构的严密程度、社会规范的种类和数量等紧密相关。正如一些研究者提醒的那样：“对内化现象的微观社会学分析或社会心理学分析，必须以他们结构方面的宏观社会学理解为背景。”[①] 具体到青少年与社会规范的关系方面，当社会结构较为稳固、社会规范较为单一时，青少年往往只能接受社会的安排，获取社会规范。反之，青少年则可以较为主动地获取社会规范。随着一种新的社会形态——网络社会的生成，网络技术已经成为影响生产力的极为重要的力量。卡斯特认为，“生产力的来源在于产生知识、处理信息与象征沟通的技术”[②]。按照马克思主义的基本观点：生产力是作用于社会关系等方面进而影响社会的重要力量。依据这一思路，本部分将从网络技术的特征入手，思考并分析网络社会中社会结构、社会组织、社会规范的特点，进而探讨青少年获得社会规范的方式。

第一节
网络技术的“柔”：社会的弹性化

在社会层面，社会结构是青少年进行社会规范认同的重要社会背景，它很大程度上影响着青少年的社会规范认同。了解社会结构在网

① 彼得·伯格，托马斯·卢克曼．现实的社会构建[M]．汪涌，译．北京：北京大学出版社，2009：134．

② 曼纽尔·卡斯特．认同的力量[M]．曹荣湘，译．北京：社会科学文献出版社，2006：15．

络社会中的变化，是洞悉青少年社会规范认同获得方式变迁的基础所在。当前，网络技术之“柔”对于社会结构有着深刻的影响。网络技术的“柔”主要是指网络技术的“弱稳固性”。这种弱稳固性有两个方面的体现：一方面，在日常使用中，网络技术具有低门槛性的特征，这一特征使得网络技术的运用并非固定于某个群体或特定个体手中，而是在社会中不断流动；另一方面，在社会发展中，网络技术并不止步于某种特殊的技术发展阶段。在这两个方面的影响下，社会角色预设性不断降低，社会发展的动态性日益增强，进而使得社会的弹性化程度逐步提高。

一、网络技术的低门槛导致社会角色的预设性降低

社会角色预设性的高低，在很大程度上影响着社会的弹性化程度。之所以如此，原因在于社会角色“是一整套权利、义务的规范与行为模式”①。一般而言，对于社会上的每一种角色，社会大众对其都具有一个基本的想象与要求，也就是角色期待，并通过奖励与分配系统对角色期待进行保护。这种期待以及相应的保护措施，实质上为这个特定社会角色设置了一个具体的框架。无论哪一个体扮演这个角色，都需要在既定的框架内，按照框架的要求开展活动。可以说，社会的角色期待及其保护机制构成了“社会价值观念体系”。这可以称为社会角色的预设性。社会价值观念体系具有制约和强化每个社会成员行动的能力。② 在社会生活中，社会角色的预设性越高（即，社会大众对社会角色的规定明确、行动框架确定），个体行动的模式化就越强。与之相应，整个社会的弹性化程度也就越低。

那么，社会角色预设性高低受到哪些因素的影响呢？从表面上看，如社会角色期待相似，社会角色预设性是社会性的，受到社会权力状态的影响。一般情况下，社会权力一元化程度越高，人们越会因

---

① 郑杭生．社会学概论新修（第三版）[M]．北京：中国人民大学出版社，2003：108．

② 西里尔·E．布莱克．比较现代化[M]．杨豫，等，译．上海：上海译文出版社，1996：20．

为主导力量之有形或无形的强大作用而更为容易地形成较为统一的价值观念。此时，奖励与分配措施也就较为有效，能够较好地保护社会角色预设性。从本质上看，社会角色预设性的高低，与资源的性质、数量及其集聚程度等因素密切相关。具体言之，在社会生活中，权力是与资源密切相关的。在很大程度上，权力的状态是由主导社会发展的资源状况决定的。这是由于：主导社会发展的各种资源，实质上附着了社会的各种利益，从而使得权力生成并决定其状态。这进而影响着社会角色的预设性。

从历史发展的过程中，我们可以较为清晰地看到这一点。在农业社会，土地是决定社会发展最为重要的资源，影响着生产力及生产关系等方面。因而，整个社会的利益也是围绕着土地这一最为基础的资源产生的。作为重要资源的土地，从数量上看，人们虽然可以对土地进行不断的开垦，但土地的总数基本上是恒定的；从质量上讲，土地的质量虽然存在着一定的区别（如贫瘠之地与肥沃之地），但是其在性质上却无较大差异。土地的数量恒定、种类单一，无形中提高了它被不断获取的难度。换言之，土地资源的特征导致其有限性较高，能够掌握这一资源的人较少。在这种情况下，社会权力可能由于土地资源的高度集聚而较多地偏向一元。对于掌权群体来说，他们可以较为轻易地引导大众价值观念的生成并使之固化。具体到社会角色上而言，社会大众在主导权力的影响下，对特定角色的思想观念与行为模式等有着较为明确的期待（例如，社会大众根据个体社会等级的不同，对于个体着装有着明确的要求）。处于不同位置的个体，其衣装的颜色、款式等应该具有一定的差异性。与此同时，掌权群体还通过显性或隐性的方式（隐性方式如社会舆论与指责，显性方式如相关规定），固化着这些期待。正如《唐律疏议》中所写到的那样："唐、宋律营舍宅车服器物于令有违者杖一百，衣服于式有违者亦杖四十。"

随着工业社会的到来，影响生产力继而主导社会发展的资源发生了变化。能源代替资源成为新型的基础性资源。与土地资源相比，能源相对较多。这种“多”主要表现在两个方面，一是种类上的多，石油、煤炭、天然气等均是能源的组成部分。而且，在社会发展过程中，能源种类也有所扩展。二是数量多，与土地相比，一些能源本身的数量就是较多的。此外，受益于多种能源的出现，能源的数量日益增多。对于社会大众而言，能源的增多使得更多的人可以通过多种方式予以掌握，有限性也就相应地有所降低。在这种情况下，社会权力因为资源多样、利益多样而渐渐远离一元性，朝着多元化发展。与之相应，社会大众虽然对一些角色仍有期待，但这些社会期待的数量与力量因社会权力的变化而有所缩减与式微。从数量上讲，工业社会中的权力已经不足以引导社会大众关注每一个角色，更遑论对这些角色形成统一期待。从力量上讲，由于能源之间的差异等原因，社会权力本身就存在着一定的矛盾之处，这使得它关注某个社会角色时，无法调动社会中的每一个人。在这种情况下，社会角色的预设性有所降低。

网络社会的到来加剧了这一趋势。卡斯特考察网络社会的发展后，指出：在网络社会中，技术与信息已经超越能源，成为社会生产力的重要来源，因而也就成为主导社会发展的主导力量。① 换言之，网络改变了权力的基本秩序。在农业社会或者工业社会，权力是建立在土地等有形资源之上的。这种权力秩序可以成为有形权力。在网络社会中，权力开始建基于技术能力与信息这些非物质性更强的资源，建立了一套无形权力。由此，技术能力开始被视作重要的权力资源。信息本位逐步取代有形资源成为衡量权力的基本尺度。②

信息这种要素，由于网络技术的无限扩散功能所形成的开放性信息渠道，具有极大的分散性。网络社会中的重要技术力量——网络技术创造了一种较为新颖的信息储存与传递模式。在信息储存方面，得

① 曼纽尔·卡斯特．网络社会的崛起[M]．夏铸九，等，译．北京：社会科学文献出版社，2006：434．

② 蔡文之．网络传播革命：权力与规制[M]．上海：上海人民出版社，2011：35-36．

益于网络技术具有非常巨大的信息储存空间与平台，因此，网络所提供的信息可以称之为“百科全书式”的资源，其中充塞着“有关政治、经济、教育、社会生活各个方面的信息”[①]。这意味着，网络塑造了一个巨大的信息资源库。在信息传递方面，网络的信息传递方式更为多样，它不仅包括音频、视频等，还具有动画演示等多种生动灵活的形式。这无疑降低了信息获取者接触、获取信息的门槛。如果说网络的信息储存方式使人人可以接触信息成为一种可能，那么，网络的信息传递方式则使得信息获取者在很大程度上摆脱了年龄、学历、信息获取能力方面的限制，使人人均能接触信息变为实际。在这两种因素的综合作用下，信息难以被有效地控制在特定群体手中，而不断地“飞入寻常百姓家”，日趋分散。对于网络社会中信息对于权力的影响，托夫勒（Alvin Toffler）曾言：“知识重新分配，建筑在知识上的权力也重新分配。”[②] 由于信息具有极大的分散性，因而以信息为后盾的权力也就逐渐具备了这一特征，难以被有效地集中与掌握。同时，与土地资源、能源相比，技术的重要组成部分——网络技术的种类与数量更为多样、丰富。不夸张地说，由于网络技术自身具有流动性、生成性，且其较少受到体力、资本、经验等因素的控制，它是弥散在整个社会当中的。在这个社会中生活中的个体，借助于基本、简单的设备——计算机、电话线等就可以使用网络技术。受到上述状态的影响，社会利益与社会权力也就更加趋于多元性。在这种情况下，社会因缺乏主导权力而难以形成对特定社会角色的期待，即使形成，社会权力因缺乏统一性，也很难让这种期待保持稳固。

作为后果之一，社会角色的预设性也就越来越低。在网络社会中，我们可以看到：社会角色不仅不受社会性（如社会等级）的制约，它甚至不受生理性（如性别）的影响。换言之，对于个体的角色，社会期待的控制力量日益减小。进一步而言，对于一个社会角色应该有

① 王经涛，王俊英．青少年网络道德教育[M]．北京：开明出版社，2001：68．

② 阿尔温·托夫勒．权力变移[M]．周敦仁，等，译．成都：四川人民出版社，2001：7．

什么样的思想观念以及行为模式，社会对其的预设性已经大大降低。在这种情况下，社会结构的固定性日趋消减，而弹性化程度也就越来越高。

二、网络技术的快速更新促使社会发展的动态性增强

技术作为生产要素的一种，对于生产力及其相应的生产关系等有着非常强烈的影响，进而影响着社会发展的速度。一般情况下，技术的更新速度越快，生产力的发展变化速度也就越快，整个社会发展的动态性也就越强。“与以往历史阶段的社会发展相比，以现代科技为基础和前提的现代社会发展具有明显的跨越性、跳跃性。这是由当代科技密集型生产力的特点所决定的。”[①] 据法国社会学家格·普·阿波斯托尔（Apostol.G.P.）估计，当今物质生产力在 3 年内的变化，相当于 20 世纪初 30 年内的变化、牛顿以前时代 300 年内的变化、石器时代 3000 年的变化。[②] 换言之，在由技术更新导致的生产力速度不断提升的情况下，社会发展的稳定性日益减弱，而动态性日益增强。在网络社会中，网络技术成为生产力的主要来源并主导着社会的发展。此时，社会发展动态性的日益增强，主要是网络技术的快速更新导致的。在此，需要了解的是：网络技术的快速更新是如何影响社会发展动态性的？

第一，网络技术的快速更新导致产业结构的不断变化。产业结构，顾名思义，指的是各种产业在相互作用下形成的结构。也正是由于此，产业结构的变化源自两个基本要素：一是产业的数量，二是产业之间的关系。网络技术的迅速发展，不断改变着上述两个要素，进而改变着整个产业结构。在网络社会中，网络技术的迅速发展，大大提高了生产力，进而提高了劳动生产率、扩大了劳动生产规模。在这种情况下，产业结构发生着两种转变。一是某种产业在满足整个社会

---

① 贺善侃．网络时代：社会发展的新纪元[M]．上海：上海辞书出版社，2004：12．

② 格·普·阿波斯托尔．当代资本主义[M]．北京：生活·读书·新知三联书店，1979：34–35．

的相关需求时，所需要的时间与资源较少。这些相对剩余的资源，可以被转移到其他生产与制造上，进而生成一些新的产业，增加产业的数量。二是技术的发展，使得占据主导地位的产业发生了变化。在不同的技术发展水平下，人们对于主要产业的诉求是不一样的，产业变革需要的时间与资源也具有一定的差异性。因此，随着生产力水平的变化，主导产业也会发生变化。例如，农耕技术使农业成为社会的主导产业，机器大工业生产使机器制造业成为龙头产业。[①]与这种变化相应，产业之间的关系也在不断地发生着变化。网络技术的更新，使得生产力水平不断提高，而且网络技术对于社会的诉求也在不断变化。在这种情况下，产业数量与主导社会发展的产业处于较为迅速的变化发展过程中，产业结构也因此在不断地调整。

第二，网络技术的快速更新导致社会阶层的流动性加强。社会阶层的出现，与社会资源的占有程度密切相关。一般情况下，因占有资源的多寡，社会阶层有着上下不同、性质各异的区分。在网络技术促进新产业产生的同时，与之相应的社会阶层也就出现了。借助于新产业的出现，一部分群体分割了一部分资源，从而成为一个新的社会阶层。二是伴随着产业之间的互动关系以及产业结构的不断调整，各个阶层所掌握的社会资源也处于不断的发展变化之中。由此导致的结果是：社会各阶层的位置并非完全固定的，而是处于较为快速的变换之中。这使得社会资源越来越难以固定地掌握在某一个特定的阶层手里，社会阶层之间的互动乃至博弈也就相应地增加了。此外，社会阶层自身也处于不断的变化之中。在这两种情况的综合作用下，网络社会中社会阶层的流动性无疑是越来越强的。

第三，网络技术的快速更新导致社会制度变动性程度增强。在社会的正常发展过程中，社会制度是必不可少的。“制度作为调节、规范人的社会行为的规则体系，正如其职能一样，正是应人类进步和社

---

① 高惠珠．科技革命与社会变迁[M]．上海：学林出版社，1999：26．

会发展的需要产生和形成的。”[①] 在网络技术的快速更新之下，生产力也在不断地发展与变化，进而由生产力决定的生产关系也始终处于变化之中。在这种情况下，社会关系、社会需要等因素的稳定性不足。受到这些因素限制的社会制度，也不得不处于随时的变动之中。在网络社会中，这种变动性的产生主要来自两个方面：一是网络技术的更新促使生产力发生变化，这使得由生产力决定的生产关系，如人际关系、权力关系等处于变动之中。作为调节这些关系的制度，自然也就处于变化中。二是网络技术的更新促使社会不断产生新的需求，这些新的需求需要得到制度的调节与规范，因此，社会制度也就随着需要的不断产生而灵活变动。

第四，网络技术的快速更新导致社会发展的风险性增强。网络技术的发展，使得我们更有能力干预社会与自然。随着这种干预的增加，社会以及自然的正常发展方式、发展顺序乃至发展规律等都基本上遭到了一定的破坏。正如安东尼·吉登斯所描述的那样：“人为不确定性闯入我们的生活意味着我们的存在，无论是个人层面还是在集体层面，比以前更有风险。而且风险的根源以及范围都发生了改变。人为风险是人类对社会生活和自然干预的结果。”[②] 这无疑增加了整个社会与自然发展的风险性。此外，由于网络技术导致产业结构不断调整、社会阶层迅速流动以及社会制度的变动性程度增加，社会的发展也就越来越难以被较好地掌握与预测，在这种情况下，逻辑结构与因果关系遭到了破坏，风险性自然而然地有所上升。“（社会）不再有任何稳定的结构、因果联系、具有重大意义的事件或某种确定的形式可供我们去描述历史的轨迹或发展的道路。相反，一切都受制于不确定性和难以预料、让人迷茫的偶然机缘。”[③] 可以说，“我们今天生活

① 司汉武．技术与社会[M]．北京：知识产权出版社，2013：290.

② 安东尼·吉登斯．超越左与右[M]．李惠斌，杨雪冬，译．北京：社会科学文献出版社，2000：4.

③ 道格拉斯·凯尔纳，斯蒂文·贝斯特．后现代理论——批判性的质疑[M]．张志斌，译．北京：中央编译出版社，2011：148.

在一个客体支离破碎的时代，（那些构筑世界的）砖块业已土崩瓦解。我们不再相信有什么曾经一度存在过的原始总体性，也不相信在未来的某个时刻有一种终极总体性在等待着我们”[①]。正是在以上数个因素的相互作用下，社会发展的稳定性渐趋消失，而动态性却在不断地增强。

在社会角色预设性降低与社会发展动态性增加的影响下，社会结构的封闭性逐渐被打破，整个社会并非如之前那样坚固，而是具有较大的弹性。下面这些歌词，形象地表达了这一点：

变幻的世界，穿越的时代

我们心归何处？

在这样一个变化如此之快的时代，神马（什么）都是浮云！

连我们自己的思维也不再一成不变

电视节目不停地变幻，不知道心在哪里

（摘自《中国好声音：巅峰之夜》，2013 年 10 月 1 日）

歌词中的“变幻”“变化如此之快”，在很大程度上是对当前社会事实的一种描述。在这一社会中，个体难以确定自己的“心归何处”，也不知道自己未来的生活如何，充分体现出未来生活的不确定性。换言之，社会将如何发展，社会大众很难进行准确的预测。通过前文的分析可以发现：网络社会主要是围绕着网络技术、信息以及与之相关的内容建设起来并不断发展的。由于信息、技术等因素具有极大的流动性，这使得社会的不确定性也成为网络社会的基本特征之一。

① 道格拉斯·凯尔纳，斯蒂文·贝斯特．后现代理论——批判性的质疑[M]．张志斌，译．北京：中央编译出版社，2011：84．

第二节 网络技术的“坚”：社会规范的多元化

在网络社会中，网络技术的“坚”主要是指网络技术的“强穿透性”。这一性质主要体现在两个方面：一是空间穿透性，即网络技术能够穿透不同空间之间的壁垒；二是真假穿透性，即网络技术可以消弭真假之间的界限。

一、传播的统一性与低可控性：网络技术的空间穿透性

网络技术之所以能够穿透各种空间，主要得益于网络传播技术标准的统一性与网络传播技术的低可控性。

网络技术具有空间穿透性的前提之一是网络技术标准的统一性。这种统一性主要体现在以下两个层面：一是连接标准的统一性。在网络技术产生伊始，不同节点之间的交流存在诸多问题。一般情况下，在一台计算机上完成的工作，很难拿到另外一台计算机上去运行。具有不同硬件与软件的计算机，也难以进行有效的连接。为解决这一问题，相关研究者开展了多方面的研究工作，最终形成当前网络技术交流的重要基础——TCP/IP 网络协议。这一协议为网络技术及信息传递提供了基本的规范。具体而言，它主要涉及以下四个层面：链路层面，主要处理与电缆（或其他任何传输媒介）的物理接口细节；网络层面，处理分组在网络中的活动；传输层面，主要为两台主机上的应用程序提供端对端的通信；应用层面，负责处理特定的应用程序细节。各种类型与规模的局域网，无论采用何种技术，有着何种用户环境，只要在接入互联网时能够遵循 TCP/IP 网络协议，就可以成为全球网络的有机构成部分。由此可以看出，网络技术有着统一的连接标

准。二是编码方式的统一。在网络信息编码中，一切信息都是用 0 和 1 来代表的。这种数字编码方式并不存在地域、文化上的差异性。这种技术标准的统一性，使得因空间而产生的“隔断”与“壁垒”有所减轻，个体可以较为方便地接入全球网络之中。可以说，网络构筑了一种交流与分享的平台。正如一些研究者所指出的那样：“互联网的关键概念在于，它不是为某一种需求设计的，而是一种可以接受任何新的需求的总的基础结构。”① 正常情况下，这个基础结构是敞开的而非封闭的，是自由的而非受限的。在这个基础结构之上，无论个体还是组织，他们只要具备基本的网络设施——计算机、调制解调器、电话线，就可以通过互联网，不断穿越空间区隔，有效打破国家、地区之间各种有形和无形的壁垒，接触到各种信息，生活在一个全球化的信息空间中。

此外，网络传播技术的低可控性也是网络技术穿透性的重要基础所在。网络技术的低可控性主要由三个因素所造成。一是传播渠道与主体的多样化。随着网络技术的不断发展，网络社会中信息传播渠道不再仅仅限于最初的电子邮件、网页等，诸如 BBS、QQ、MSN、博客、微博、微信等交流平台与交流工具的出现，实质上是对信息传播渠道的不断扩展。借助于上述多种传播渠道，信息传播主体也日益多元化，某个群体甚至个体都可以将信息予以发送，成为信息的传播者。这在现实生活中有着明显的体现，即人们不仅可以从网页中得知信息，也可以从微博、微信中了解时事。与此同时，信息的传播主体也不再囿于政府或主流媒体，而是扩展到社会中的正式、非正式的群体或个体。二是传播方式的多样性。在网络技术的影响下，传播方式的类型变得日益多样。网络技术的发展，使得诸如声音、图像、视频等传播方式的力量日益强大，其涉及范围也不断扩展。在这种情况下，信息传递，尤其是远距离的信息传递，不再单纯地依赖文字。关于这一方面，文字符号就是一个明显的例子。在网络技术的影响下，

① 黄少华．网络社会学的基本议题[M]．杭州：浙江大学出版社，2013：9.

信息不仅可以借助于正规的文字符号进行传递，其还可以通过诸如火星文、数字文、符号文等多种变形的文字符号得以传播。三是传播的即时性。网络技术使得服务器与电缆成为信息传递的重要物质基础。数字化的编码方式借助于强大的服务器与高速运转的电流，可以在很短的时间里传播到世界的多个地方。在这种情况下，“一个人在电脑上创作一条信息，然后用调制解调器把这条信息传送到一个遥远的地方，在那里，消息接受者立即便可收到”①。也正因此，有研究者感慨道：“在数字化世界里，距离的意义越来越小。事实上，互联网的使用者完全忘记了距离这回事。在互联网上，似乎距离还往往起了反作用。与近距离的信息对象相比，我常常更快收到远方的回信。”② 信息传播的渠道、方式多样化以及信息传递的实时性，使得信息控制变得异常艰难。这是由于：在网络技术的影响下，若要实现信息控制，则需要管控信息传播的所有渠道与方式，并对信息做出即时反应。这对于大部分控制力量而言，基本上是一个异常繁重的任务。对于信息传播而言，网络技术的低可控性使得信息传播能够突破各种空间有意或无意设置的限制，实现较为自由的传递。

在上述情况的综合作用下，具有信息属性的社会规范，可以在网络技术的作用下得到迅速有效的传播。同时，网络不仅是一种传播工具，它还是一种信息承载体。这意味着，传递到网络上的社会规范，往往存留于网络之上，构成一个巨大的社会规范与支持力量集合。换言之，网络作为一个世界性的平台，承载了类型多样、数量丰富的规范体系。对于网络社会中的个体而言，这些集合近在眼前，触手可及，即个体可以通过各种方式，搜索与了解性质不同、类型各异的社会规范。于他们而言，网络社会如同一个庞大的社会规范市场，任由个体挑选。

---

① 马克·斯波特．信息方式——后结构主义与社会语境[M]．范静哗，译．北京：商务印书馆，2000：156．

② 尼古拉·尼葛洛庞帝．数字化生存[M]．胡泳，范海燕，译．海口：海南出版社，1997：208．

网络技术的空间穿透性不仅可以使个体搜索、接触到多种社会规范，还使得个体能够寻找到与某种社会规范相应的支持力量。一方面，网络技术的出现，逐渐打破了以空间为基础的群体建立，并给群体的组织与个体归属群体提供了一种新的形式与渠道。实质上，网络带来了一种社交的革命，个体可以通过网络，快速有效地寻找到自己所需要的群体，并以此作为自己的支持力量。对于此，一位研究者如是言道："互联网的出现，打破了社会的交往阻隔和社会障碍，将个体从基于地缘、业缘、血缘的社会交往圈中解放出来，成为没有社会背景且面向所有人开放的独立个体。这样，个体可以充分发展自己的兴趣、爱好，并在最大范围内寻找与自己有着共同兴趣和爱好的人群。"①可以说，网络在最大限度上实现了"物以类聚，人以群分"这一目标。

实质上，网络的力量并不限于此，进一步而言，"个体能够构成极为广泛、具有鲜明异质性并超越时空的社会网络。个体以自己为中心和他人以网状的形式连结起来"②。下面这个案例，可以在很大程度上佐证这一点：

2007 年 12 月 3 日凌晨，特鲁迪•约翰逊不小心摔倒，并将头撞在了一块石头上。她的丈夫彼得将其送往医院。在抢救结束后，彼得用手机给她拍了一些照片，记录她层层包裹、缠紧绷带的头以及呼吸导管。他在半夜 12 点，将图片发给一些朋友，收到了很多温暖的回应。当他的朋友转发了这些图片时，整个北美有近 150 个人给彼得发送了邮件。在接下来的时间里，不仅当地朋友前来提供帮助(如安排午餐、整理房子等)，更多社交和地理上比较远的熟人，也在用各种方式做出回应。随着时间的推进，一些陌生人也加入进来，为彼得夫妇提供一些建议与帮助。③由

① 黄少华．网络社会学的基本议题[M]．杭州：浙江大学出版社，2013：61.

② 李・雷尼，巴里・威尔曼．超越孤独：移动互联网时代的生存之道[M]．杨伯溆，高崇，等，译．北京：中国传媒大学出版社，2015：2.

③ 总结于：李・雷尼，巴里・威尔曼．超越孤独：移动互联网时代的生存之道[M]．杨伯溆，高崇，等，译．北京：中国传媒大学出版社，2015：1–4.

此可见，彼得通过使用自己的资源并借助许多伙伴的帮助，重建了他们的世界[①]，形成了一个符合个人需要的空间与群体。

这种影响不仅发生于群体的建设方面，其对个体寻找相关的群体，同样具有非常重要的意义与价值。对于个体而言，由于网络沟通的便捷性等特征，他们可以随时随地、非常方便地寻找到自己所需要的群体。

通过上面的描述，我们可以看出：由于网络的连接作用，群体极为容易形成。在这种情况下，个体也很容易找到自己可以归属的群体，而不过多地受到限制力量的影响。在当前的网络中，只要我们随便访问一个网站，就基本上能找到基于共同兴趣、爱好、价值观念、需要等因素形成的社会群体。“与那些生活在过去时代的人们相比，它（网络）为个体提供了更多的自由，因为他们现在拥有了更多的回旋余地，以及更大的能力去按照自己的意愿行事。”[②] 网络的这一特性，极大地方便了个体建立起其所欲归属的群体。对于个体的社会规范认同而言，这一改变的重要意义在于：个体可以在其所认可的社会规范基础上，寻找相似群体的支持，而不必囿于某些特定群体的限制，不得不服从这些群体的社会规范。换言之，他们不再惧怕不适宜群体带来的压力或者孤独感，因为他们可以根据其所认可的规范性质，脱离开一个不适宜的群体，并迅速找到一个可以归属的群体。

二、符号力量的增强与削弱：网络技术的真假穿透性

网络技术的强穿透性能够穿越真假的界限，消融真假的区别，这在很大程度上是借助于“超真实”的力量。不可否认，“超真实”并非网络社会独有的现象，但在网络社会中，“超真实”的力量却大大增强了。之所以如此，与“超真实”的形成过程有着密切联系。

---

① 李·雷尼，巴里·威尔曼．超越孤独：移动互联网时代的生存之道[M]．杨伯溆，高崇，等，译．北京：中国传媒大学出版社，2015：6．

② 李·雷尼，巴里·威尔曼．超越孤独：移动互联网时代的生存之道[M]．杨伯溆，高崇，等，译．北京：中国传媒大学出版社，2015：7．

“超真实”是鲍德里亚（Jean Baudrillard）提出的一个概念，用来描述由符号主宰的虚拟社会。在鲍德里亚看来，迪斯尼乐园中的美国模型要比现实社会中的真实美国更为真实，就好像美国正在变得越来越像迪斯尼乐园一样。由此可见，“超真实”一词所指的是：真实与非真实之间的区分已变得日益模糊不清了。这个词的前缀“超”表明它比真实还真实，是一种按照模型产生出来的真实。此时的真实不再是一种单纯的现成之物（例如风景或海洋），而是人为生产（或再生产）出来的“真实”（例如模拟环境），它不是变得不真实或荒诞了，而是变得比真实还真实了，成了一种“幻境式的（自我）相似”中被精心雕琢过的真实。①“超真实”状态是在一定社会环境下，借助于一定的技术手段而产生的。综合来看，其形成主要得益于以下三个要素。

第一是符号主宰社会生活。符号对于社会的主宰构成了“超真实”现象出现的首要基础。符号是表现社会真实的一种重要工具，它广泛地存在于各种社会形态之中。长期以来，符号是对真实的一种反映。在反映真实的过程中，虽然符号有时会扭曲甚至篡改某些基本真实，但是此时的符号仅仅是反映真实的一种工具。在这种状况下，基本的社会真实在社会中占据着主导地位。随着科学技术的迅速发展以及多种媒介的出现，符号得以不断地繁殖。符号的剧增也改变了其性质。可以说，“符号已经不再是对真实的简单模仿和再现，或者是对真实的覆盖和遮蔽”②，它本身就成为一种有生命力的社会实在，“与任何真实都没有关系，它纯粹是自身的仿像”③。因此，它得以单独地发挥作用，“构建出了一种由模型、符码以及符号组成的社会秩序”④。这

① 道格拉斯·凯尔纳，斯蒂文·贝斯特．后现代理论——批判性的质疑[M]．张志斌，译．北京：中央编译出版社，2011：132-133．

② 汪德宁．“超真实”的符号世界——鲍德里亚的文化理论研究[D]．上海师范大学博士学位论文，2008．

③ 李昕，赵铭恕．真实的消亡——鲍德里亚“超真实”的后现代文化逻辑分析[J]．湖北社会科学，2007，3．

④ 道格拉斯·凯尔纳，斯蒂文·贝斯特．后现代理论——批判性的质疑[M]．张志斌，译．北京：中央编译出版社，2011：132．

种社会秩序逐渐取代了由社会基本真实构建的社会秩序，成为社会的组织原则。由此，鲍德里亚宣称“它们(符号)已经主宰了社会生活”。也正是在这种情况下，虚假的事物也被当作真实的事物而被接受和流传，并不断地复制再复制。在这种不断地复制过程中，符号所能发挥的主导作用愈来愈有效。

第二是仿真文化的产生。“超真实”现象的出现也在一定程度上得益于仿真文化的产生。仿真是模拟的一种形态，是模拟在当前社会的重要表现形式。仿真在这个特定的历史时期出现，与符号逐渐主宰社会有着密不可分的关系。正如一些研究者所指出的那样：“仿真文化正是目前历史阶段被符号主宰的主要方式。”① 在鲍德里亚看来，仿真文化经历了三个历程的嬗变，并附有相应的价值规律。自文艺复兴以来，依次递进。第一，仿造是从文艺复兴到工业革命“古典”时期的主要方式；第二，生产是工业时代的主要方式；第三，仿真是被代码主宰的目前历史阶段的主要方式。第一序列的拟像遵循自然价值规律，第二序列的拟像遵循商品价值规律，第三序列的拟像遵循结构价值规律。② 所谓结构价值规律，指的是符号价值规律，即符号不再完全忠实于现实，具有独立性。

由于符号具有相对独立的品质，能够在很大程度上独立地建构现实。因此，仿真更多的是“仿”而非“真”。由此理解，“仿真的对象不再是指涉物或某种物质，仿真是对人们在现实中与物质现象接触的第一手感知和幻想的模拟”③。仿真虽然是一种模拟，但是在现代相关技术的支持下，仿真给人们带来的更多的是“真”的错觉，而非“仿”的感受。这是由于，现代技术的发展使得我们头脑中的理论影像走向

---

① 石义彬．单向度、超真实、内爆——批判视野中的当代西方传播思想研究[M]．武汉：武汉大学出版社，2003：261．

② 王民安，陈永国，马海良．后现代性的哲学话语：从福柯到赛义德[M]．杭州：浙江人民出版社，2000：317．

③ 石义彬．单向度、超真实、内爆——批判视野中的当代西方传播思想研究[M]．武汉：武汉大学出版社，2003：263．

了屏幕，并且更加形象、生动，在某种程度上达到了一种登峰造极的地步。由此形成的一个结果是：人们即使在某一场景中缺席，也能获得临场的感官享受甚至是神经快感。由此，仿真逐渐成为一种普遍的文化现象，影响着人们生活的方方面面。由此可见，仿真文化造成了“超真实”的幻境。

第三是真实与非真实之间的“内爆”。这最终导致了“超真实”的形成。麦克卢汉（Marshall Mcluhan）提出了“内爆”这一概念。在麦克卢汉看来，印刷文字将美学、政治、经济、公共领域与私人领域隔离开来，人们被僵硬的等级界限包围着，而电子传媒技术则使信息量的增长达到无以复加的程度，信息的膨胀宛如宇宙大爆炸，无终止地向外扩张，这就是外爆。在信息外爆的冲击下，原有的水平和垂直界限将会被重新予以构建，“人们将栖息在一个相互交叠的社会，没有文化等级也没有领域分工”[①]。外爆是改变社会结构的过程，而“内爆实际上就是一个消除区别的过程”[②]。各个领域相互渗透，整个社会进入一种相互渗透、没有权威的境界。鲍德里亚认为，内爆所描绘的是一种导致各种界限崩溃的社会“熵”的增加过程。在这种情况下，对立的矛盾双方不再对立，而是和谐地共存着。

由此可以推断出，仿真文化的产生使得真实与非真实之间出现了内爆，消弭了真实与非真实之间的界限。对于非真实生活，人们生活在其中而丝毫不觉其虚假性。有时，在人们对于符号的巧妙运用下，相较于真实世界，符号所搭建起来的非真实世界显得更为真实，而真实的世界反而显得较为虚假，这就是仿真文化所造成的“超现实”环境。由此可以说，在“超真实”的状态下，非真实超过了真实，非真实比真实显得更为真实。“随着超真实的降临，类象开始构造现实本

---

① 石义彬．单向度、超真实、内爆——批判视野中的当代西方传播思想研究[M]．武汉：武汉大学出版社，2003：265．

② 苏晓芳．仿像教学：网络时代的教师行为延伸[J]．大学教育科学，2012，4．

身”[①]，形成一种别样的社会类型与社会秩序。从符号的独立到“超真实”的形成，整个过程形成了一个完整的“超真实”状态。

通过上文中的描述可以看出，“超真实”的出现及其力量的强弱与符号的社会主宰程度、仿真文化的盛行程度有着密切的关系。众所周知，网络技术的发展，使得符号在社会中的力量进一步增强。而且，在一些较为先进的网络技术（如 3D）的影响下，仿真文化日益盛行。可以说，网络技术的出现及发展进一步增强了符号的主宰力量及仿真文化的盛行，从而极大地增强了“超真实”在整个社会中的力量与影响，进而穿透了真假。“超真实”不仅生成新的社会规范，还不断塑造着与之相应的支持力量。在这种情况下，个体所面对的社会规范及其支持力量，就不仅仅来自真实社会，还来自“超真实”所构造的社会。由于“超真实”比真实还要真实，那么，真实社会与“超真实”社会中的社会规范和支持力量也就无所谓真假之分。

在日常生活中，社会规范多元化的判断标准主要有二：一是社会规范种类多样化，二是具有相应的支持力量。如果仅有前者，那么多种多样的社会规范仅仅是一种形式上的多元化。从上文分析中可以看出：网络技术的强穿透性不仅带来了多种多样的社会规范，还带来了相应的支持力量，使得社会规范日趋多元化。

① 道格拉斯·凯尔纳，斯蒂文·贝斯特．后现代理论——批判性的质疑[M]．张志斌，译．北京：中央编译出版社，2011：133．

第三节
从先赋到自致：青少年获得社会规范方式的变迁

在社会弹性化与社会规范多元化的影响下，青少年获得社会规范的方式也就表现出一定的时代性。随着网络社会的到来，青少年获得社会规范的方式变化具体表现为：由先赋到自致。“先赋”与“自致”二词是社会学家在描述个体角色时所使用的一组词汇。在他们看来，按照角色的获得途径，所有的角色都可以分为先赋角色与自致角色两类。先赋角色是一种由先天因素决定的角色，自致角色则是指通过个人努力或者活动获得的角色。[①] 通过这一描述，我们可以看出：两种角色的主要差异在于个体能否通过自己的努力与活动获得该角色。在描述青少年获得社会规范的方式方面，我们主要是从能否进行“个体的努力与活动”这一层面区分“先赋”与“自致”两个词汇的。与处于之前社会形态的青少年不同，在网络社会中生活的青少年，能够基于自己的努力及各种活动获得社会规范。因此可以说，网络社会中社会规范认同的获得方式由先赋走向了自致。

一、确定性的动摇：社会规范之先赋获得基础的坍塌

对于青少年而言，社会结构越稳定、社会规范越单一，他们获得社会规范的方式就越倾向于先赋。这是由于：稳定的社会结构与单一的社会规范，在很大程度上为青少年搭建了一个确定性较强的认同框架。在这种框架中，青少年面对、需要认可与遵守的社会规范往往是较为确定的，因而很难进行选择。青少年一般较多地服从于这个框架的安排，从中获取社会规定的、与自己角色对应的社会规范。在网络

① 丁水木．论先赋角色与自致角色[J]．学术月刊，1988，12．

社会中，随着社会结构的弹性化以及社会规范的多元化，社会规范的确定性不断消解，先赋性获得方式的基础被不断瓦解，其自身也处于不断的破裂过程之中。具体表现为以下两个方面：

第一，稳定社会结构所形成的社会规范确定性被逐渐消解。相较于弹性程度较高的社会结构，稳定社会结构能够在很大程度上为青少年提供较为确定性的社会规范。这种确定性，具体是由社会角色的高预设性与发展的缓慢性实现的。

社会角色的预设性降低导致社会规范的确定性被逐渐消解。当社会角色的预设性较高时，青少年往往自出生之后，就处于特定的社会位置，扮演着特定的社会角色。在这种情况下，青少年能够根据自己所扮演的角色，较为容易地选取角色所对应的一整套社会规范。换言之，在社会结构较为稳定的时候，每一个青少年所应该扮演的角色基本上都是由社会规定的。在这种情况下，个体从出生到成长，所需要遵守与认同的社会规范都是给定的，无须太多的思考与选择。网络社会出现之前，个体虽然在一些社会规范上面临着困惑，但从整体上而言，他们无须进行过多的选择。例如，在等级社会中，青少年在刚刚出生甚至尚未出生的时候，就已经被放置到特定的角色体系中。对于各种角色体系所应该具有的规范体系，社会中有着明确的规定。士大夫阶层有自己的规范，贩夫走卒也有自己的规则。此时，每个青少年所面对的社会规范是确定不移的，所谓认同就是对于这些既定规范的学习与接受。在这种非常明确的角色体系中，个体所面对的社会规范与其所处的角色体系是一致的，在哪个等级结构中，就接受哪一个角色体系的规范。这似乎是天经地义的，个体很少也不需要质疑所面对的社会规范体系。正如一些研究者所总结的那样：在这种稳定的社会结构中，个体是一个“已是”的人。“就你被抛在特定世界中而言，你生来就是一个潜在的猎手、一个潜在的牧羊人或者主人或者奴隶，一个潜在的国王等——你必须成为你已经是的，否则你将什么也不是。”[①] 这种“已是”之人在融入社会时，遵守与角色相应的社会规范即可。由此可见，社会角色的高预设性，在很大程度上保证了个体所面对规范的确定性。

如前文所述，在网络社会中，社会角色的预设性不断降低。在这种情况下，当青少年降生在这个社会中时，其所需要扮演的角色并不是已经固定好的、唯一的，而是需要在面对多种角色的情况下，自主地选择与构建。与之相应，青少年实质上是面对着多种多样的社会规范，并没有人告诉青少年何种社会规范是符合其自身需要并应该遵守的。此外，由于社会角色与社会规范之间的连接并非完全固定，这导致的结果是：青少年即使明确知道自己应该扮演的角色，他们也难以清楚地了解与这一社会角色对应的社会规范是什么。在这两种情况的综合作用下，青少年所面临的社会规范逐渐失去其确定性。

与此同时，社会流变的速度进一步加剧了这一趋势。在社会变化速度比较缓慢的情况下，即使社会中一时缺乏较为确定的规范体系，社会成员也会在时间的帮助下，尽快确定一套体系并使之固化。社会发展速度较慢，因此与这个社会相匹配的社会规范体系也基本上处于较为细微的变动状态中。这些变化仅仅是微调，而非规范性质的剧烈变化。但是，在社会变化速度较快的社会中，上述情形就难以存在。由于网络社会的变化速度之快，已经远远超过了人们可以确定社会规范体系的时间，一个适应于今日社会的规范体系没有完全固定甚至尚未建设起来，明日的社会已经远不同于今日的社会，这就需要一套新的规范体系。在这种情况下，整个社会难以发展出一套非常具有确定性的社会规范体系。

第二，社会规范一元化所带来的社会规范确定性被日益瓦解。在分析机械团结与有机团结时，涂尔干强调了共同意识或者集体意识对于机械团结的重要性。之所以如此，是由于这种意识为个体的生活提供了一种较为明确的生活体系。涂尔干如是说：“社会成员平均具有的

① 王秀敏．个性道德与理性秩序[M]．哈尔滨：黑龙江大学出版社，2011：36.

信仰和情感的总和，构成了他们自身明确的生活体系，我们可以称之为集体意识或共同意识。”① 由此可见，一元化的体系对于社会的团结与稳定非常重要，社会规范同样如此。在一个社会中，不可避免地存在着多种类型的社会规范体系，人们依据这些社会规范表现出相应的行为时，不可避免地会出现一些冲突与矛盾。此时，一元化社会规范体系就起着调节作用。可以说，它为人们的日常行为提供了最终的行动指南与解释框架。在这种情况下，无论现实生活中的社会规范多么纷繁复杂，个体实质上都具有一套较为明确的行为规范体系。在这个时候，个体无须思考自己应该遵守何种规范体系、如何处理矛盾等问题，这些问题交付给最终的评判体系裁决即可。

网络社会中，一元社会规范体系被打破、多元社会规范体系并存的状况，改变了某种社会规范体系最终的裁决权。社会规范之间相互角力，均衡并存。与之相应的是，社会中缺乏一个能够作为“裁判”的社会规范体系。当个体在生活中遭遇规范之间的矛盾与冲突时，他们无法找到一个确切的内容作为衡量标准。在这种情况下，对于个体而言，他们由于无法找到最终的评价标准，而必须不断追问：何种社会规范是正确的、我应该认同何种规范等诸如此类的问题。可以说，在个体面前的任何一套社会规范，都不再像以前一样，是一套非常确定、直接遵守的内容体系了。对于这一变化，有研究者这样描述道：“当人生活在一个不允许对既定的态度和信仰提出质疑的封闭性世界里，没有人感觉他是依据一套‘价值’而行动。他不过是做他该做的事情而已。今日的形势正好相反。当代的人们遭遇了‘他者’从根本上的挑战。他们知道，世上有种种不同的规范与价值引导人们的行为和态度，随着不同的历史、社会和文化背景而不同。因此，对许多人来说，发现‘他者’的存在使得他们认为价值完全是相对的。”② 恰恰是这种相对性，在将绝对性打翻在地的同时，也慢慢腐蚀着个体所面

① 埃米尔·涂尔干．社会分工论[M]．渠东，译．北京：生活·读书·新知三联书店，2000：42．
② 王成兵．当代认同危机的人学解读[M]．北京：中国社会科学出版社，2004：53-54．

对社会规范之确定性。

这种确定性的坍塌，导致那种先赋型社会规范获得方式的破裂。换言之，青少年在获取社会规范时，无法继续依赖既有的、固定的框架与设定，也就无法先赋性地获得了。

二、终点的消失：一个无止境社会规范认同过程

很长一段时期以来，认同是长时段的，甚至是终身性的。一旦个体对某些社会规范产生认同，这些认同极有可能持续个体的一生。因此，这个时期的认同是有节点的，即个体完成对某些社会规范体系的认同后，该认同过程就基本上告一段落，在接下来的时间里，个体不过是不断地强化自己既有的认同。可是，在网络社会中，个体的社会规范认同则没有一个明确的终点。

通过上文的呈现，我们可以看出，无论是社会的发展，还是个体角色的演变，二者都始终处于一种没有确定结局的变化过程中。在这种情况下，个体所面对的社会规范体系也就相应地处于不断的发展变化之中。因此，“无论哪个阶级的人们，若要在现代社会中生存下去，他们的性格就必须接受这个社会的可变和开放的形式。现代的男女必须要学会渴望变化，不仅要在自己的个人和社会生活中不拒绝变化，而且要积极地要求变化，主动地找出变化并将变化进行到底”[①]。在社会规范认同方面，情况同样如此。由于社会与个体的流变速度均较为迅速，且性质上也存在着一定的差异，个体的认同实质上就是“根据环境变化进行选择、建立认同，根据新的变化重新进行选择、再次建立认同”的过程。由于社会和个体角色的流变速度较快，这一过程始终处于循环往复的过程中，基本上不会停止。换言之，这是一个无止境的重复过程。“后现代生活环境是一个复杂的、不可预知的系统，这一点是伯曼（Marshall Berman）后现代社会学分析的重要起点所

① 马歇尔·伯曼．一切坚固的东西都烟消云散了：现代性体验[M]．徐大建，等，译．北京：商务印书馆，2003：123．

在。在这样一种不确定性的系统中，行动主体面对的是一个充满混沌和剧烈不确定性的空间。行动主体的存在情景是相当流动多变的。行动者的认同需要不断地自我建构，这种认同建构永远都在发生变化，而且并非朝着任何明确的方向发展等。”[①]

古语有云：“冰冻三尺，非一日之寒。”这在很大程度上是网络社会出现之前个体认同状态的真实写照。个体如同建造一间房屋一样，需要长久的时间，一砖一瓦地将房子建设起来。在网络社会中，认同未必需要如此漫长的周期，似乎在短短的时间内就可以建构起来。正如个体在虚拟社会中扮演各种角色一样，个体的认同就在其选择角色并按照角色行动过程中完成的，用时非常短。一些研究者指出：“某种真实的认同性建构是一种需要意志、行动、承诺、智慧和创造性的工作，而许多后现代的认同性却缺乏这些特点，它们无异于人们所玩耍的一场游戏、一种人们第二天为了某一新的外表与形象就可以随意处理掉的造型与风格：在后现代的狂欢中，它们都是可以任意使用与随意替代的认同性。”[②] 顺着这种思路，一些研究者认为，在网络社会中，认同不复存在。不可否认，认同的建构需要意志、行动等要素，但是这些要素的产生与存在并不与时间长短直接相关。或许，在网络社会到来之前，这些要素是通过时间锤炼出来的，但是在网络社会中，这些要素极有可能包含在个体的行为过程当中。个体身份的拥有性与存在性划分，能够在一定程度上说明这一点。在网络社会来临之前，人们是根据自己拥有的资源进行身份认同的。但是在网络社会中，人们则是凭借具体的、正在进行的生活进行身份认同的。由此可见，具体的行为是认同的有力彰显，认同是包含在当时具体行为之中的。在这种情况下，认同所需要的意志、智慧等需要一个全新的定义。而且，它们也极有可能蕴含在个体的行为过程之中。此时的认

① 姚建平．消费认同[M]．北京：社会科学文献出版社，2006：120．

② 道格拉斯·凯尔纳．媒体文化——介于现代与后现代之间的文化研究、认同性与政治[M]．丁宁，译．北京：商务印书馆，2013：441．

同，具有“当下性”的特点。

详言之，个体虽然在以后的时光里会抛弃原有的那些认同，而且这种抛弃速度有时非常快。但是从这一点我们并不能否认：彼时的个体，对于那些抛弃的社会规范，曾经真正地认同过。这种变化是社会与社会规范的不断“成长”造就的。也正是从这种意义上讲，网络中的社会规范认同并没有消解、终结，只不过有所变化而已。沿着这一思路，我们甚至可以说：那些认为网络社会中认同已经消失的人们，仍然用网络社会之前有关认同的观点来审视当下的认同。认同并未消失。人们需要抛弃的，是那些过时的观念。正如一些研究者描述后现代社会中的认同时所说的那样：认同并未在后现代社会里烟消云散，而只是受制于新的确定性和力量，同时也提供了新的可能性、风格、榜样和形式等。不过，在丰富的图像文化中到处都是形形色色的认同可能，无疑会造成非常不确定的认同，同时又为人们的认同的重组提供了新的途径。[①] 也正是在这种不断的瓦解与重塑中，网络社会中的社会规范认同始终无法到达一个固定的终点。

三、自择或自创：自致的两种表现

在网络社会中，先赋型社会规范获得方式的基础被不断瓦解，因而这一方式也就处于不断的坍塌过程中。与此同时，另外一种社会规范获得方式——自致型获得方式日渐壮大。在现实生活中，这种获得方式表现为青少年对于社会规范的选择与创造。

（一）自我选择：青少年对既有社会规范的获得

第一，社会结构稳定性及社会规范认同终点的缺失，对青少年的社会规范选择提出了迫切要求。在社会结构方面，社会结构的稳定性使得青少年各就其职、各安其分。对于进入这个社会中不久的青少年而言，这种固定的安排在很大程度上为青少年提供了一个较为稳定的

① 道格拉斯·凯尔纳. 媒体文化——介于现代与后现代之间的文化研究、认同性与政治[M]. 丁宁，译. 北京：商务印书馆，2013：438.

社会定位。以这种社会定位为依据，青少年表现出各种行为，展开正常的社会交往与社会生活。而当社会结构的弹性化程度增大时，青少年则缺乏清晰的社会定位。作为一个正在积极融入社会的一分子，他们亟须找到赖以依靠的各种社会规范，以明确自己的行为是否恰当，能否为社会所接受。在这种情况下，青少年对于获得社会规范具有强烈的诉求。在网络社会中，这种诉求的满足只能依赖于青少年的自我选择。可以说，青少年不再根据社会的安排，被动地选择需要认可并遵守的社会规范体系，而是需要发挥自己的主观能动性，通过选择特定的社会规范体系，重新给自己寻找一个社会定位。从上文的分析中可以发现，在社会规范认同的终点方面，社会规范认同终点的缺失，本质上是社会的快速发展导致的。在这种快速发展的社会环境中，社会规范体系也总是处于不断的发展变化过程中。对于青少年而言，他们为了更好地融入社会，需要不断选择适当的社会规范体系。这一点，也对青少年的选择提出了要求。

第二，社会规范的多元化为青少年选择社会规范提供了可能。对于青少年而言，在网络社会到来之前，由于社会结构较为明显、社会位置较为清晰以及社会期待的控制力量较为强大，相应的社会规范也就较为明确、具体。青少年在从出生到成长的过程中，都因为有着明确的结构、位置和期待规定，从而有着较为明确的规范。在这个时候，个体无论是学习、遵从还是认同社会规范，基本上都有着既定的内容体系。这个时期，出现在青少年面前的社会规范，基本上是一元化的。在这种情况下，他们自然地“拥有”社会规范，而不用去寻找与选择。在网络社会中，由于社会结构被打破等原因，呈现在个体面前的社会规范不再是确定性的了。无论是在出生的瞬间，还是走到特定的社会位置上，青少年都面临着多种多样的甚至差异极大的社会规范体系。面对着数量众多、性质各异的社会规范体系，个体可以根据自己的实际情况、兴趣、爱好等做出选择。在个体角色的流变上，情况同样如此。无论角色流变的速度如何迅速，个体均需要选择特定的角色，并遵守相应的社会规范体系。

（二）自我创造：青少年对新型社会规范的获得

在网络社会这一新的社会环境中，并非任何一种行为都能找到赖以依靠的社会规范。青少年为了能够给自己的各种行为找到依靠的力量，并融入社会之中，则需要进行创造，生成新的社会规范甚至社会规范结构。

第一，社会规范的残缺性对青少年的创造提出了要求。对于社会转型时期的混乱状态，涂尔干曾用“失范”这一概念描述。所谓“失范”，是指“当社会规范和价值相互矛盾、冲突或社会规范与价值相对脆弱时，在个人或社会中都会出现混乱状态”[①]。社会规范之所以出现冲突、破碎化甚至真空状态，主要是由于社会转型，也就是社会的剧烈变迁造成的。一般情况下，社会发展变化越迅速，社会规范的上述状态越严重。具体来说，社会转型之所以能对社会规范产生如此之大的影响，原因在于：社会规范是依附于社会的一整套体系，受到诸如社会结构、社会权力关系以及相应之社会价值观念等因素的影响。受制于上述因素，社会规范的变化一般具有滞后性的特点。换言之，在社会发展变化的过程中，本应发生改变的社会规范并没有实现及时更新，在一定程度上落后于社会的发展。此时，旧的社会规范已经被打破，新的社会规范却尚未建立起来，社会规范呈现出一种残缺的状态。网络社会的预设性低、弹度高等特征，无疑造成了社会规范的失序状态。一方面，当前是网络社会正在崛起的时期，因而，整个社会处于一种社会转型期，发生着各种剧烈的变化。这自然会导致社会规范的残缺。另一方面，网络社会与其他社会类型相比，本身就是一个不断发生剧烈变化、实时更新的社会。这也使得特定的社会规范难以长时间存在，进而在无形之中处于残缺状态。在这种情况下，一些青少年可能难以融入社会结构之中。按照社会控制理论的基本观点：社

---

① 郑杭生．社会学概论新修（第三版）[M]．北京：中国人民大学出版社，2003：415．

会纽带的强有力约束是防止个体越轨、维持社会稳定的重要力量。[①]社会规范存在时，它无形中为个体安排了一个较为明确的社会位置，并规划着交流与行动的基本路径。受到这种力量的影响，青少年能够依据社会规范的基本要求做出合适的行为，并与他人建立正常而又规律的连接。但是，社会规范的残缺，却使得这种安排与规划不复存在。作为一种约定俗成的社会存在，社会规范的形成与发展离不开每一个社会成员的努力。为有效应对这种状态，社会自然会对青少年的社会规范创造有所期待。

第二，社会规范体系的调整对青少年的创造提出了期待。社会规范内容的不断变化，自然要求社会规范体系有所调整。例如，削弱甚至删除一些不适合社会发展水平的社会规范，将一些新的社会规范添加到社会规范体系之中，并调配这些规范之间的相互关系等。诸如此类的变化，使社会规范体系难以自动地进行。例如，一些过时的社会规范依赖于传统力量的惯性等因素，继续留存在社会规范体系之中，并不会自动离去。相似地，一些新兴的社会规范也就难以走进社会规范体系之中，难以为人们所意识到；社会规范之间的关系也可能难以进入一种相对和谐的状态。在整个社会向网络社会转型的时期以及网络社会中，社会规范的变化是一种常见现象。对于网络社会中的青少年而言，社会规范体系的不断调整也就成为他们面临的重要任务。在这种情况下，社会规范自然需要青少年的创造。由上面的论述也可以看出，所谓自致，指的是青少年通过自我选择或者自我创造的形式获得社会规范。

整体言之，对于网络社会中的青少年而言，社会规范方面的自致是他们认同社会规范的第一步。这是由于：个体如果没能随着社会的潮流以及社会情境的变化等因素进行适宜的选择或者创造，那么他只能无所凭借、茫然地生存在这个世界上。换言之，认同是以一定的具体内容为基础的，个体选择与创造行为的缺乏，将会导致认同内容的

① 安东尼·吉登斯．社会学[M]．赵旭东，译．北京：北京大学出版社，2015：982．

空白，所谓的“认同”也就失去了存在的根基。鲍曼认为：在后现代社会，“身份仍像它在现代时期中那样，是个问题。在当代社会中，身份远未消失，而是被重新建构和重新界定。身份如今变成了一种被自由选择的游戏，自我的一种戏剧性的呈现”①。受到网络社会各种因素的影响，青少年的社会规范认同也呈现出同样的特征。一些研究者从社会管理者的角度表达了相似的观点：在农业社会和工业社会，统治者或社会管理者一直试图通过法律制度和组织纪律规定社会成员的行为，以实现整合社会、稳定社会秩序的目的。应当承认，这种理性的制度规定，在过去的历史中已经被证明具有明确效力，但在网络化时代的今天，仅靠这种相对静态的社会控制手段来维持社会整合，显然已经力不从心了。②在本书看来，各种“静态”的手段之所以日渐失去效用，与个体认同社会规范的时代变化尤其是动态化密切相关。

反映20世纪八九十年代生活的电影《中国合伙人》中有这样一段台词，能够艺术化地反映这一点：

你们有没有想过，在这儿，我们谈了太多的思潮、主义、方法。为什么？

因为我们都想找到一个现成的答案。

我们都希望有人能告诉我们应该怎么样去生活。

其实呢，没人能告诉我们应该怎么样去生活。

生活是自己的，我们自己提出的问题应该由自己来回答。③

“应该如何生活”，这一问题可以说在一定程度是对遵守何种社会规范的追问。这是由于社会规范能够指导人们的价值观念与行为方式，从而筹划着个体的生活。当外界无法为个体的生活提供一个目标

① 齐格蒙特·鲍曼．生活在碎片之中——论后现代道德[M]．郁建兴，等，译．学林出版社，2002：86．

② 刘少杰．网络社会的结构变迁与演化趋势[M]．北京：中国人民大学出版社，2019：168-169．

③《中国合伙人》是2013年由陈可辛执导的一部剧情片，讲述了20世纪80年代至21世纪初一群年轻学生成长的故事。本书认为，影片反映的故事虽主要集中在20世纪八九十年代，但因拍摄时间为2013年，它在很大程度上体现出当前的诸多社会观念。

时，个体只能遵循“生活是自己的，我们自己提出的问题应该由自己来回答”这一基本理念。随着网络社会的到来，这种状态愈演愈烈。对于网络社会中的青少年而言，“正因为现时的世界人生的道路并非只有一条，那么无论父母还是教师就都没有理由让他们只走自己走过的那条路；正因为现时的世界生活的方式也并非只有一种，那么选择就不仅是一种正当的权利，它甚至还是现代人必须具备的一种能力”[①]。由此可以再次证明:“选择或创造”社会规范，是青少年进行社会规范认同的开端。在这种情况下也可以说，“自致”是青少年获得社会规范的方式。下面这个案例可以在很大程度上证明这一点:

博士A一直是一个品学兼优的乖乖女，虽然出生在并不发达的H省的一个县城，但因为学业优秀，从小到大一直受到父母和老师的关爱，在南方的一所大学获得博士学位且留校任教时不过二十七八岁，正处在花样年华与踌躇满志的人生巅峰之际。不久，志向远大的A嫁给了虽无博士头衔但却十分能干的同学B，来自J省农村的B大学毕业以后已经顺利转行成为同一座城市里的执业律师，并获得了法律硕士学位。虽然两人都才刚刚走上工作岗位，日子过得不算富裕，但因为职业都不错，两人相亲相爱，生活倒也令人羡慕。

麻烦来自婚后A随B回了一趟J省的家乡。本来，B的父母几十年来含辛茹苦地将儿子拉扯大，儿子上了名牌大学，当上了省城的律师，又娶了女博士，那心里的欢喜真是无以言表。对农村不太习惯的A进了家后就被乡亲们里三层外三层地围着，虽然有些不自然，但第一次见到公公婆婆还是心情舒畅的。不过，在短暂的兴奋过去之后，A和公公婆婆遇到了一道过不去的坎:按照B家乡的习俗，新进门的媳妇要给婆婆洗一次脚，以表示对老人的遵从之意和孝敬之心。书读了不少的A第一次听说还有这样的习俗，而让她去给中午才第一次见面的人洗脚委屈得只差眼泪夺眶而出；而B的爸爸妈妈也没有因为A是博士就做出某种变

①周晓虹．文化反哺：变迁社会中的代际革命[M]．北京：商务印书馆，2015：130.

通，在他们看来你首先是我B家的媳妇，其次才是博士。[①]

从上述描述来看，公公婆婆与儿媳妇的冲突是由于双方对于规范的不同认知与接受造成的。表面上看，这是社会规范之间的冲突。从更为深入的层面分析，可以发现：两种社会规范之所以发生冲突，根本上是两者获得社会规范的方式不同造成的。很长一段时间以来，我国的婆媳关系由于受到社会结构、家庭模式以及各种观念（如“尊老”的观念、“嫁鸡随鸡，嫁狗随狗”的观念）等因素的影响，婆媳的权力在很大程度上处于不对等的状态。面对由于各种原因而拥有“更大”权力的婆婆，儿媳妇只能言听计从。因此，儿媳妇应当遵守何种规范、做出何种行为，只要听从婆婆的安排即可。此时，婆婆的安排基本上又是遵循着传统习惯而定的。在这种情况下，儿媳妇在社会规范方面逐渐形成的思维方式是：按照社会的要求，遵循相关的规范。在这个案例中，公公婆婆之所以坚持让刚进门的儿媳妇为婆婆洗脚，是由于在他们看来：“洗脚”是一种习俗，具有一定的历史。自己母亲与婆婆做过，自己也做过，因此儿媳妇当然也要做。他们潜在的思维方式是：儿媳妇要听从婆婆的安排。这种社会规范的获得方式，实质上是一种先赋型方式。对于儿媳妇而言，她无法接受的不仅是“洗脚”这种习惯，更是“洗脚”背后的思维方式：这是社会安排给儿媳妇的，所以儿媳妇无论是什么身份与地位，她都需要这样做。而对于儿媳妇A来说，她在成长过程中形成的思维方式并不是延续历史或者他人的既有安排，并不存在因自己角色的变更而应当遵守某种社会规范。遵守何种规范，是自我选择的结果，而非社会的安排。因而，案例中的儿媳妇虽然知道“洗脚”是历史习俗，但她觉得自己可以选择拒绝，运用另外一种方式表达敬意和孝意。这种社会规范的获得方式，并不是沿着历史轨迹继续前行，而是自主选择的表现，实质上是一种自致型获得方式。A的潜在思维方式是：自己需要遵守什么规范，是由自己决定的。由此，是否“洗脚”带来的冲突，根本地说是两代人获得

① 周晓虹．文化反哺：变迁社会中的代际革命[M]．北京：商务印书馆，2015：215–216.

社会规范的方式不同导致的。婆婆和儿媳妇 A 在获取社会规范上的区别，可用下图进行表示：

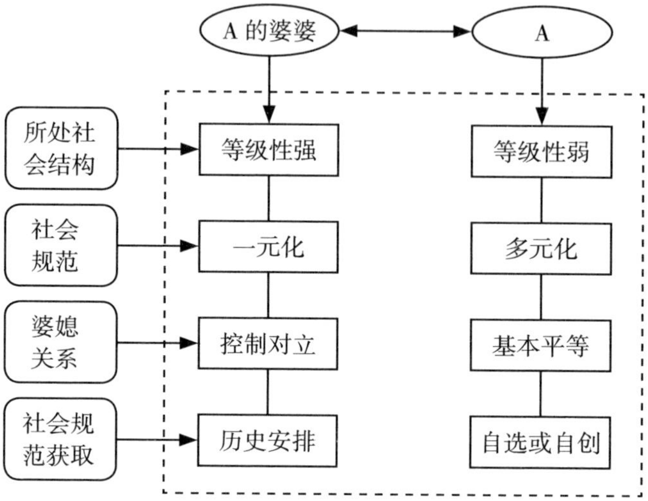

图 1–1　婆婆和儿媳妇 A 在获取社会规范上的区别

综上所述，我们可以看出：在进行社会规范认同时，当前的青少年不再像之前那样，仅仅接受既有的规范，并予以遵守。相反，他们在认同过程中，充分调动个体的积极性，对社会规范进行选择与创造，进而决定是否归属。可以说，自致取代先赋，成为网络社会中青少年获得社会规范的一种新兴方式。一些研究者对于青少年社会化特征的总结与概括，也可以鲜活地说明这一点："青少年不再像传统社会中那样更多地被某种明确的权威角色所塑造，而是更多地自主选择或创造社会化的内容和模式。他们不仅是被教化，更是创造性地改变社会文化。例如，他们在网上发明了自己的语言符号，创造了自己的流行观念，提出了自己对社会的理解。"① 需要注意的是，个体的这种自致过程，是一个没有终点的过程。换言之，青少年总是处于不断选择、不断创造的过程之中。这是一个永远"在路上"的状态。

① 辛自强，池丽萍. 社会变迁中的青少年[M]. 北京：北京师范大学出版社，2008：193.

第二章

自编：网络社会中青少年社会规范表征的呈现方式

个人的认同性是一种构建，是由个人的生命情境中的材料所组成的，而且就如萨特、福柯等提醒我们的那样，个人可以依据自己的计划来改变和转换自己的生活。

——道格拉斯·凯尔纳

在社会认同论的重要研究者泰弗尔看来，社会认同需要经历一个“社会比较”的过程，也就是“寻同”与“标异”的过程。在这种“寻同标异”过程中，个体“了解了自己，获得了关于信念真实性和有用性的信心”[①]。在这个过程中，个体主要通过使用各种能够体现和显示人的认同的符号、象征与交流工具等完成社会比较。在社会发展过程中，符号及其表达功能一般是被社会和文化决定的，社会成员能够读懂。“它同时又是可视的和可感触的。它作为一种可感知的外表和线索，成为揭示人们认同、地位和身份的符号与象征。”[②]借助这些符号，人们进行社会比较，并构建各种认同。正如一些研究者指出的那样：“归属于一个群体就会获得一种社会认同，或者说是一种共享的/集体的表征。”[③]这种表征实质上是个体标明其群体特性的外显符号系统，它通过“区别”与“相似”的作用方式加深个体对于特定社会的认同。也正是在这一过程中，外显符号系统的构筑方式可以彰显出网络社会中青少年社会规范认同的基本形式特征。

第一节
确定的空间与时间：表征的强标准性

在青少年认同社会规范的过程中，符号与象征占据着重要的位

① 迈克尔·A. 豪格，多米尼克·阿布拉姆斯. 社会认同过程[M]. 高明华，译. 北京：中国人民大学出版社，2011：29.

② 王宁. 消费社会学（第二版）[M]. 北京：社会科学文献出版社，2011：47.

③ 迈克尔·A. 豪格，多米尼克·阿布拉姆斯. 社会认同过程[M]. 高明华，译. 北京：中国人民大学出版社，2011：24.

置。“为了构架信仰，我们发明了一套符号和象征物。”① 换言之，为了建构社会规范认同，青少年需要借助于各种各样的符号与象征才能完成。从功能上讲，符号较为直接，它“向我们传递的是一种可以进行瞬间知觉检索的简单信息”②。而象征则较为深邃，它是用“符号来表达某种思想”③，如春天象征着复活与新生命的出现。在现实生活中，符号与象征并未具有如此清晰的界限。一般情况下，符号是象征的具体表现物，而象征则是蕴含特定意义的符号。对于青少年的社会规范认同而言，这些符号与象征，实质上可以被统称为“表征”（representation）④。

一、表征的强标准性：原因与具体表现

一般情况下，在不同的社会发展阶段，“表征”的稳定程度或者说动态程度有一定的差异。这种差异，在很大程度上影响着建构社会规范认同时的具体特征。而这种影响，从根本上又是由表征的形成过程决定的。

（一）表征：青少年建构社会规范认同的“标志物”

表征之所以能够影响青少年建构社会规范认同的过程，主要是由于其所扮演的“标志物”角色而导致的。

简单地看，表征基本上可以说是符号与意义的结合体。莫斯科维奇（Serge Moscovici）形象地说道：“表征等于每一种思想的表象，

---

① 米兰达·布鲁斯-米特福德，菲利普·威尔金森. 符号与象征[M]. 周继岚，译. 北京：生活·读书·新知三联书店，2012：6.

② 米兰达·布鲁斯-米特福德，菲利普·威尔金森. 符号与象征[M]. 周继岚，译. 北京：生活·读书·新知三联书店，2012：6.

③ 米兰达·布鲁斯-米特福德，菲利普·威尔金森. 符号与象征[M]. 周继岚，译. 北京：生活·读书·新知三联书店，2012：6.

④ “表征”的最初含义是指演员通过象征、符号和对话与他人进行交流的形式，现在则更多泛指人类心智的各种不同活动。一般来说，表征是指可反复指代某一事物的任何符号或符号集。莫斯科维奇将“社会表征”界定为“某一社群所共享的价值观、观念及实践系统”。以上内容总结自：管健. 身份污名与认同融合[M]. 北京：社会科学文献出版社，2012：34-52.

再附加上一个表象的每种思想。”[①] 由此可见，表征蕴含着丰厚的意义，并且通过具体的符号表达出来。例如，五星红旗与中华人民共和国共同组成一个表征。诸如“热爱中华人民共和国”等意义是蕴含在五星红旗之中并通过五星红旗展现出来的。在现实生活中，表征主要是以符号的形式出现在人们面前的，而意义则隐藏在符号背后，难以如同符号那样明显地呈现在整个社会生活中。可是，表征的这种存在状态并没有影响人们对它的运用。这是由于：在长期的社会生活中，符号与意义之间的连接已经逐渐固定，成为一种模式型的存在。“它们给了这些事件一个明确的格式，并将这些事件定位于一个既定的种类中，并逐渐建立起一套属于它们的固定类型的模式。”[②] 在日常生活中，多种符号类型都能成为表征的组成部分，如具体的器物、颜色、行为动作乃至语言等。所以在日常生活中，我们很自然地将五星红旗与中华人民共和国相连，将金钱与价值相连，将黄色与权力或者君王相连。诸如此类的案例，并不少见。

表征的上述性质，使其逐渐具备了建构认同的潜力。这种潜力的实现主要是依靠寻同标异和交流实现的。当个体接受甚至内化了特定的意义之后，他往往选择与之相应的器物、行为方式与具体语言等具体符号。由于个体所选择的符号是外显的，能为人所察觉与辨识，在这种情况下，个体则可以根据符号的相似性找到与自己类似的人，同时依据符号的差异性区别与自己不同的人。在这种寻同标异的过程中，个体往往会逐渐接受或者认同符号背后所蕴含的意义。此外，表征还为群体内的交流提供了诸多便利。具体言之，由于表征中蕴含着固定的意义，一个人使用表征，会被另外一个身处此群体的人“心领神会”其具体含义，从而减少交流的时间与障碍。这种交流时间与障碍的减少，不仅仅得益于表征中的共享含义，还在很大程度上受益于表征所塑造的思想观念与思维方式。一般而言，表征的存在与力量先

① 塞尔日·莫斯科维奇. 社会表征[M]. 管健，等，译. 北京：中国人民大学出版社，2011：35.

② 塞尔日·莫斯科维奇. 社会表征[M]. 管健，等，译. 北京：中国人民大学出版社，2011：25.

于个体。这种先在性，无形中塑造了生活于其中之个体的思想观念与思维方式等。正如一些研究者所指出的那样："（表征）决定了我们的思想"，并"影响着每个人的思维"。[①] 思想观念与思维方式的趋同性，有助于交流的畅通性，进而缩减了交流的时间与障碍。

如同个体在进行社会认同时一样，青少年在进行社会规范认同时，也以表征来构建自己的认同。青少年需要使用表征来展示自我，借之以寻找相似之人的同时，与那些不同之人进行区分。在这个过程中，表征的类型、数量等就会在很大程度上影响着建构的基本价值取向。如果表征的类型贫乏、数量较少，那么青少年在建构社会规范认同的过程中，往往只能使用一些同质性较强、形式较为类似的表征，使得社会规范认同较为普遍化。相反，表征的类型丰富、数量较多，那么青少年在建构社会规范认同的过程中，则可以使用一些异质性较强、形式较为多样的表征，促使社会规范认同较为个性化。

（二）锚定与具体化：表征形成的方式

在莫斯科维奇看来，锚定与具体化是产生社会表征的两个过程，同时也是其产生的方式。"第一种机制力求锚定陌生的思想，将它们纳入普通的类别和表象中，将其置于熟悉的背景中。例如，一个信仰宗教的人试图将一种新理论或者一个陌生人的行为与宗教的价值尺度联系起来。第二种机制的目的是具体化，即使抽象的事物变得具体，将头脑中的概念变成物质世界的客观存在。"[②] 这两种方式的密切结合，导致了表征的产生。为了更好地认识、理解这些方式，我们需要对其形成的具体步骤有一个较为清晰的了解。

所谓锚定过程，"就是将我们所感兴趣的、异质的和不熟悉的事物纳入我们特定的分类系统中，并把它们当作我们认为合适的一个类别的范例"[③]。当生活中一个新鲜的事物（如全新的行为方式）出现时，

---

① 塞尔日·莫斯科维奇．社会表征[M]．管健，等，译．北京：中国人民大学出版社，2011：27.

② 塞尔日·莫斯科维奇．社会表征[M]．管健，等，译．北京：中国人民大学出版社，2011：47.

③ 塞尔日·莫斯科维奇．社会表征[M]．管健，等，译．北京：中国人民大学出版社，2011：47.

我们往往倾向于将这种新的行为方式置入一个我们已经熟悉的系统或者类别中，给予其恰当的称呼，并对其赋予相应的性质或特征。这一过程，实质上就是锚定的过程。这一过程，主要是通过两个步骤实现的：解释与命名。一个新鲜事物进入我们的眼帘与头脑时，我们往往试图寻找一些具体的细节与信息，并根据自己既有的认知结构与水平对其进行说明及归纳。比如，我们将一些精神与行为不正常的人归到“精神病人”这一类别之下。如果这种归类能够较为顺利，在容纳该现象的同时并未破坏既有的类别，我们则表示接受；如果相反，我们则表示拒绝。之后，我们对这种现象进行命名。命名是使被命名对象走出匿名状态，并借助一个文化所认可的字词等，进入特有的文化结构之中。可以说，命名并非单纯地赋予名称，它也是一个世俗化的过程，即将这些不熟悉的事物放置到特定文化系统与社会假设中去，使其能够与已有的认知库存相联系。

表征形成的第二个步骤是具体化。“具体化使不相似的思想与现实融为一体，使它成为现实的基本要素。”[①] 新鲜事物虽然被置入特定的文化系统中，但是这一事物本身的具体意义与价值却会在人们的交流过程中存在很大的不确定性，影响着人们对于它的理解以及人们之间的日常交流。为缓解这种情况，我们需要用实在的物质将这些空泛的概念“装满”。即，在现实生活中，我们寻找到与较为抽象、模糊概念相对应之物的过程。如现实的角色、图像或者其他现实存在物。“拟人化”与“比喻”[②] 是完成具体化的两种重要方式。“拟人化”指的是将概念所描述的形象与现实生活中的角色联系起来，如我们将花朵拟为人的形象。“比喻”则是根据事物的性质，找到较为相似的物质描述之，如我们把“情结”化作“绳结”来理解。具体化的过程实质上是去除抽象要素的过程，将新鲜事物鲜活地呈现在大众的脑海中。我们在对这些新鲜事物进行评价或者思考的时候，主要借助具体事物

① 塞尔日·莫斯科维奇．社会表征[M]．管健，等，译．北京：中国人民大学出版社，2011：56．
② 管健．身份污名与认同融合[M]．北京：社会科学文献出版社，2012：61．

进行。可以说，“它将词汇变成物质、把思想变成自然力、把国家或者人类语言变成一种描述物体的语言”[①]。对于表征的形成过程，有研究者这样总结道：“正是通过锚定这一环节，才将不熟悉的对象放入社会实体中，使其具有意义，再通过具化将抽象的概念、态度与关系转化，由具体意象取代原本不熟悉的事物。”[②]

（三）外在性与强制性：表征强标准性的具体体现

表征研究先驱者之一的涂尔干认为：按照表征从属对象的不同，表征可以分为两个部分，即个人表征与集体表征。个人表征是个人建构的产物，是心理学的研究对象，集体表征则是以社会为基础的产物，属于社会学的研究范围。在这种二元对立思维的基础上，涂尔干指出：“严格地说，它作为一个整体散布在整个社会范围内，但这不妨碍它具有自身的特质，也不妨碍它形成一种界限分明的实在。实际上，它与个人所处的特殊状况不发生关系，所以其人已去，其实在焉。”[③] 在这一段话里，涂尔干所要强调的是集体表征与个人表征有着较为明显的界限，且集体表征并不依赖甚至不受个人表征影响。但是，他同时强调，集体表征对于个人表征具有制约与规定作用。雷蒙·阿隆（Raymond Aron）在评价涂尔干关于集体表征支配个人表征这一观点时指出：“如果由我来理顺涂尔干思想的话，那么我将说，社会第一性，个人第二性，这种说法有两层意思，而这两层意思，实质上一点也不荒谬。这两层意思是：其一，受集体意识强制支配的社会发生在先，而在这种社会，个人被淹没于社会之中，因此社会先于个体；其二，在有机团结的社会，虽然个体意识相对活跃，但其理想信念和价值取向也是受制于集体意识或社会意识的，亦即受制于集体与社会。”[④]

---

① 塞尔日·莫斯科维奇．社会表征[M]．管健，等，译．北京：中国人民大学出版社，2011：61.

② 管健．身份污名与认同融合[M]．北京：社会科学文献出版社，2012：61.

③ 埃米尔·涂尔干．社会分工论[M]．渠东，译．北京：生活·读书·新知三联书店，2000：42.

④ 雷蒙·阿隆．社会学主要思潮[M]．葛志强，等，译．北京：华夏出版社，2000：217.

在涂尔干看来，集体表征之所以能够对个人表征产生规定与制约作用，原因在于它是一种“社会事实”。所谓社会事实，指的是“一类具有非常特殊性质的事实。这类事实由存在于个人身体之外，但又具有使个人不得不服从的控制力的行为方式、思维方式和感觉方式构成”[①]。参照社会事实的基本属性，集体表征的基本特征可以总结为强标准性。一般认为，社会事实的基本属性有二：一是外在性。社会事实是外在于个人甚至外在于一些群体的，它不受个人及部分群体主观意识影响，不会因他们的主观意志而发生转移。它的变化是以社会多个方面的变化发展为基础的，而社会各方面的共同变化又较为缓慢。这导致了作为社会事实、集体表征的发展变化也较为缓慢。二是强制性。涂尔干认为，社会事实不仅外在于个人，还具有强制与压迫作用。由于社会事实的性质、具体作用方式等不同，其强制的程度与方式也就不尽相同，大体上有引导、提倡、嘲讽、制裁等多种类型。在这种情况下，个体一旦触犯或者更改社会事实，就会受到来自社会事实的各种强制，进而使得个体停止或放弃其“违规”行为。借助于这种“强制性”，作为社会事实的集体表征则能够防止被轻易地改变而具有较强的稳固性。集体表征的这些基本属性与特征，并非社会学家的自我构想。在现实生活中，我们也能发现这一点。例如，有关群体的符号、象征在很长一段历史中都保持着相对的稳固性，这是其强标准性的一个有力展现。

二、空间与时间的确定性：表征强标准性的社会基础

表征的强标准性之所以能够存在，说明其在很大程度上得到了社会的认可，具有合法性。在社会生活中，使价值观念、行为等诸多社会事实“合法化”是大众孜孜以求的目标。正如韦伯所指出的，“一

---

① 埃米尔·涂尔干．社会学方法的准则[M]．狄玉明，译．北京：商务印书馆，1995：25．

切权力，甚至包括生活机会，都要求为自身辩护”①。在利奥塔（Jean-Francois Lyotard）看来，人们为各种权力、制度、生活机会等进行辩护时，叙事②扮演着重要角色。之所以如此，是由于叙事涉及各种学说、理念等，可以给予所要辩护对象以合法性。从这个层面看，了解表征强标准性的合法化机制成为了解其社会基础的必要步骤。

（一）“元叙事”：表征强标准性的合法化基础

在探讨知识的合法性问题时，与近代思想家们从观念论上追问知识的合法性不同，利奥塔从语言学层面出发，考察知识的合法性问题，他将此称为“合法化叙事”。在利奥塔看来，叙事方式“与各种能力扩展而成的‘建构’相吻合，它是一个由各种能力构成的主体中体现的唯一形式”③，蕴含着特定的理念与标准，因此其成为一种为“知识的合法性”辩护的重要形式。“不过，在论述合法性问题时，利奥塔并非从单纯科学知识的层面上，而是从总的知识的层面上进行的。”④具体言之，利奥塔所探讨的知识问题与现实生活密切相关，涉及社会中的权力类型、权力关系以及社会运行等多个层面。因此，叙事方式在为知识合法性提供辩护的同时，也成为诸多社会现象的辩护形式。由于社会结构、权力关系、个体意识等方面的影响与变化，几乎任何一种叙事方式都很难长期占据主导位置。换言之，在不同的社

---

① 马克斯·韦伯，经济与社会（第二卷）. 转引自尤尔根·哈贝马斯. 合法化危机[M]. 刘北成，曹卫东，译，上海：上海人民出版社，2000：127.

② 在利奥塔看来，人们日常讲述事物的方式，是一种知识。“叙述形式不同于知识话语的发达形式，它自身接纳了多种多样的语言游戏：叙事中很容易加进指示性陈述（例如关于气候、季节、动物、植物的状况）、道义性陈述（规定相同的指谓或不同性别的亲属、儿童、邻居、外国人等应该做的事情）、疑问性陈述（例如挑战的插曲：回答一个问题、选择一样奖品）、评价性陈述等。”在叙述这种知识中，叙事是最完美的形式。叙事能够带来或形成实施各种能力的标准，这些能力在叙事的紧密组织中相互结合，形成有序排列，这就是这种知识的特点。以上内容整理自：让-弗朗索瓦·利奥塔. 后现代状态：关于知识的报告[M]. 车槿山，译. 北京：生活·读书·新知三联书店，1997：42-44.

③ 让-弗朗索瓦·利奥塔. 后现代状态：关于知识的报告[M]. 车槿山，译. 北京：生活·读书·新知三联书店，1997：41.

④ 陈嘉明. 现代性与后现代性十五讲[M]. 北京：北京大学出版社，2006：220.

会发展阶段，基本上都有相应的、适宜的叙事方式存在。叙事方式在社会生活中的有效性，取决于叙事方式与社会发展之间的契合程度。

利奥塔认为，“元叙事”（又称宏大叙事）是“现代性的标志”，为整个现代性社会提供着合法性辩护。概括地讲，“元叙事”具有以下三个基本特征：第一，元叙事作为诉诸大全式的、总体性的“终极词汇”来论证现代性的价值合法性；第二，元叙事通过一种目的论式的途径来实现对现代价值合法性的论述；第三，元叙事所贯彻的是一种二分法的基本思维模式，即把自己的价值论证建立在理性与非理性、进步与落后等一系列两极对立的基础上。[①] 换言之，这种叙事方式事先确立了某种普遍的思想意识与价值观念，并以它所确立的命题作为普遍的、绝对的真理，这也成为判断其他命题真实或谬误的最终依据所在。由此可见，这种叙事方式既不考虑现实生活，又不关心局部或个体的经验，而是以既定的标准去衡量社会事物。凡是符合其标准的，均被承认为合法的，那些不符合既有标准的，则被斥为非法的。在很大程度上可以说，“元叙事”的实质就在于以先验性的观念（概念）作为事物以及行为的依据[②]，并以独裁的形式确保这一观念的有效性。从利奥塔所描述的两种“元叙事”方式中，我们可以清晰地看到这一点。以德国古典哲学为代表的思辨性叙事方式构造出具有终极本原性质的概念，并指出：只有符合这些概念的事物才是合法的。以法国启蒙运动为代表的政治性叙事方式则确立了一种超现实的理想目标，并强调：理想目标是合法性的依据所在。[③] 在现代性社会中，元叙事“旨在用一种普遍原则统合不同的领域，形成某种普遍的思想意识与价值规范，从而为制度的认同和权力的运作提供合法性基础”[④]。这种叙事方式之所以能够为社会提供合法性辩护，主要原因在

① 贺来．超越理想主义与犬儒主义的“辩证法”——对当代中国人精神生活的分析[J]．学术月刊，2014，1．

② 陈嘉明．现代性与后现代性十五讲[M]．北京：北京大学出版社，2006：316．

③ 刘少杰．后现代西方社会学理论（第二版）[M]．北京：北京大学出版社，2014：129–130．

④ 陈嘉明．现代性与后现代性十五讲[M]．北京：北京大学出版社，2006：211．

于：该种叙事方式内在地契合了“现代性的实质——普遍性原则”[①]。纵观历史，普遍性原则不仅是现代社会的内在特质，也是传统社会的重要特质。因此，这种叙事方式不仅存在于现代性社会中，也同时存在于前现代社会之中。

作为普遍性原则的一种体现，元叙事对于普遍性、标准性进行着强调与保护。具体到表征的强标准性上而言，元叙事合法化作用主要体现在两个方面：第一，元叙事对于符合其价值观念的表征进行选择并提供保护。在表征形成过程中，无论是锚定还是具体化，都是受特定价值观念所主导的。对于多种多样的表征，元叙事往往倾向于选择那些较为符合其价值观念的内容体系，使其不断出现在社会大众的生活中。与此同时，元叙事通过种种手段凸显相关象征体系的优越性、赋予其合法性，并尽力保护其不受外界的冲击与危害。第二，元叙事对于那些不符合其价值观念的表征进行排斥并予以压制。在既有的表征体系中，对于那些不符合自己价值观念的表征，元叙事往往采取忽略的态度，使其难以凸显出来，进入社会大众的眼帘。如果其中的一些象征体系逐渐进入大众视野，元叙事则通过各种方式对其进行打压，否认其合法性，使这些象征体系退缩到一个极小的空间内生存甚至自行消亡。由于元叙事所确立的价值体系较为一元，因此其所选择的表征体系同质性程度也往往较高。在上述两种方式的作用下，表征的标准性也就不断地增强。

（二）空间与时间的确定性：“元叙事”存在的重要社会基础

元叙事这一叙事方式的存在与作用发挥，源于社会的一元化。从形式上而言，普遍性原则是社会一元化的外在表现。因而从更为深入的层次上来说，是一元化的社会体系为“元叙事”提供了支撑力量。在一元化的社会体系中，社会具有高度的同一性与一致性。在社会观念方面，整个社会基本上拥有共同的价值观念与社会规范体系，并在很大程度上成为所有社会成员生活的唯一准绳。同时，社会中拥有与

① 刘少杰. 后现代西方社会学理论（第二版）[M]. 北京：北京大学出版社，2014：130.

之相匹配的、高度同质化的社会机构，以维持整个社会观念的运行。正是在这种情况下，一元化的价值观念等成为一种强大的压制与排斥力量，不仅压制着个体，而且还排斥着其他类型社会观念的出现与生存。与此同时，生活于其中的个体，往往缺乏个体意识，较为容易服从于既有的社会观念。正如涂尔干对于传统社会的描述那样，传统社会是一个以“机械团结”为主要特征的社会。在这种以“共同体”为本位的社会中，人们之间具有高度的“相似性”。由这种“相似性”形成的价值体系的一致性，维持了整个社会的稳定。在社会运行中，与这种团结类型相对应的是，“关系一断即为犯罪”的压制法。① 由此可见，在这种一元化的社会类型中，宏观叙事有着强大的社会支持力量，也自然而然地成为人们所使用的主要叙事方式。

这种一元化社会体系及价值体系的形成及巩固得益于诸多因素的共同作用。其中，确定的空间与时间是一类非常重要的影响因素。这类因素对于一元化社会体系的作用，主要是通过以下两个方面实现的。

第一，确定的空间与时间使社会生活中的个体具有较为相似的经历与经验。在日常生活中，个体的经历与经验是他们开展社会生活、构筑相关价值观念时最为直接的材料。一般情况下，社会中个体的经历与经验越相似，那么整个社会中的行为方式、价值体系也就越趋于统一。在共同经历与经验的影响下，社会的一元化程度会相对较高。而这种共同经历与经验的形成，与社会空间和时间的确定性密切相关。

从时间角度看：确定的时间首先标明的是一种“先后顺序”。“从自然界看，时间表现为事物运动的持续性和事件发生的先后顺序上，譬如射箭，从拉弓、搭箭、发射、箭飞到中靶，一连串运动和动作，前后连贯，顺序清晰，因果显然，这个过程符合认识过程，也符合记

① 埃米尔·涂尔干．社会分工论[M]．渠东，译．北京：生活·读书·新知三联书店，2000：33-35．

忆过程。”① 一般情况下，人们依照时间的先后安排生活与生产。对于人类而言，这种时间的先后不断地形塑着活动的先后顺序，使得各种社会活动按照一定的次序进行。与此同时，确定的时间还具有划分活动类型的作用。时间的确定性使得人们可以更为方便地将时间进行划分。这种时间上的划分，使得依据时间建立起来的活动类型也得以划分，即某个时间段一般与特定的活动紧密相连。“日出而作，日落而息”就是一个典型的例子。在农业社会或工业社会，这种例子较为常见。一般情况下，我们认为白昼与工作相连，夜晚与休闲相应。当然，在白昼的各个时间段，人们还有着较为细致与详细的安排。这种安排，能够在很大程度上保证社会成员在相同的时间里开展性质相似的社会活动。有研究者这样说道：“这个程式的规律性进而被响铃所强化，就像最初组织六世纪的本笃会会友生活的钟声一样，学校的响铃把不同的活动分割开来，并确保所有人都能一起开始活动。”② 社会成员依据时间的先后顺序及时间段划分，开展或经历着相似的活动。这无疑使得社会中个体的经历与经验较为一致。

从空间角度看：确定的空间为人们的共同经历和经验提供了一个得以生成的固定场所。所谓空间，是指“结合物质性与符号性的空间形态，社会行动在时空结构中展开，而行动的后果及其特征映射于空间形态的重构之中”③。如果说经历与经验是在人们的生活与互动过程中生成并不断积累的，那么空间的确定性就在很大程度上影响着经历与经验的相似性程度。在一个社会体系中，社会空间越是确定，所提供的空间类型也就越为有限与固定。与时间对活动类型的划分相似，特定的空间也与特定的活动紧密相连。在这种情况下，人们能够较为容易地在一个空间体系中进行生活、开展互动。在一定程度上，这与

---

① 汪天文. 社会时间研究[M]. 北京：中国社会科学出版社，2004：81.

② 芭芭拉·亚当. 时间与社会理论[M]. 金梦兰，译. 北京：北京师范大学出版社，2009：127.

③ 叶涯剑. 空间重构的社会学解读——黔灵山的历程与言说[M]. 北京：中国社会科学出版社，2013：29.

“共同在场”的概念具有极大的相似性。吉登斯的表述是：“个体在日常活动过程中，在具体定位的互动情境下，与那些和自己共同在场的他人进行着日常的接触。”① 这种“共同在场”在保证人们生活与互动一致性的同时，也在很大程度上保证着经历与经验的共同性。

在确定时间所带来的顺序性与确定空间所形成的固定性这两个因素的综合作用下，社会生活中的个体往往能够在相似的时间、固定的空间开展内容、性质极为相似的社会活动与社会互动。而这种相似性，最终造就了共同的经历与经验。

第二，确定的空间与时间为社会进行规训提供了有利的条件。如果说共同的经历与经验为社会体系及价值观念的一元化提供了一种民间基础的话，那么，来自社会统治阶级、能够促使社会体系及价值观念日趋一元的各种措施则可以称为官方力量。在福柯（Michel Foucault）的话语体系里，这种官方力量的诸多作用是一种“规训”。对于社会的一致性而言，确定的空间与时间为社会统治阶级对大众进行各个方面的规训提供了有利条件。

福柯认为，规训的手段可以简单地总结为：“层级监视、规范化裁决以及它们在该权力特有的程序‘检查’中的组合。”② 层级监视指的是借助各种精妙的设计，对被监视者进行有效的观察与监督；规范化裁决即处罚那些“不符合准则、偏离准则”③ 的人，这一过程无形之中传递了人们所应该遵守的基本规范；检查则是层级监视与规范化裁决的结合，“它是一种追求规范化的目光，一种能够导致定性、分类和惩罚的监视”④。检查的过程，在很大程度上起到了维持规范有效性

① 安东尼·吉登斯．社会的构成[M]．李康，李猛，译．北京：生活·读书·新知三联书店，1998：138．

② 米歇尔·福柯．规训与惩罚[M]．刘北成，杨远婴，译．北京：生活·读书·新知三联书店，2003：193-194．

③ 米歇尔·福柯．规训与惩罚[M]．刘北成，杨远婴，译．北京：生活·读书·新知三联书店，2003：202．

④ 米歇尔·福柯．规训与惩罚[M]．刘北成，杨远婴，译．北京：生活·读书·新知三联书店，2003：208．

与统一性的作用。对于规训而言，确定的空间和时间所提供的有利条件，主要体现为他们为社会统治阶级传递价值观念、监督检查社会大众提供了着力点。如前文所述，确定的空间和时间是与特定的社会活动密切相连的。统治阶级可以通过调整空间和时间的安排，进而调整社会活动的位置及出场顺序。在这个过程中，统治阶级可以将价值传递活动进行空间与时间上的安排，使得社会成员能够接触并不断内化这些观念。此外，由于社会大众的社会活动具有空间与时间上的确定性，统治阶级可以较为轻易地查看社会大众的活动与社会活动基本运行状况，检查社会大众的活动是否符合其所制定的规范（类似监狱管理者通过空间与时间的划分监管、检查犯人）。由此可见，在确定空间与时间的协助下，社会统治阶级能够尽可能地传递统一价值观念、监督社会大众维护整个社会的一致性。

通过上文的描述可以看出：确定的时间与空间为元叙事奠定了坚实的社会基础，同时也成为表征强标准性的重要基础所在。

第二节
空间与时间的不确定性：表征的弱标准性

网络社会的到来，极大地动摇了空间与时间的确定性，进而使得经历与经验的共同性程度急剧降低。在这种情况下，元叙事因逐渐失去其存在的基础而不断式微。依据卡斯特的论述，网络社会中空间与时间的特征可以总结为“流动的空间”与“无时间之时间”。这种空间与时间的变化瓦解了元叙事存在的社会基础，进而导致了表征的弱标准性。

一、流动的空间与无时间之时间：微观叙事方式的崛起

在对网络社会的物质基础进行阐述之后，卡斯特开始直面网络社会本身，探讨网络社会的特征。在卡斯特看来，“空间与时间是人类生活的根本物质向度”。因此，他以“空间”与“时间”为抓手，对网络社会进行了分析。

（一）网络社会中空间与时间的基本特征

在空间方面，卡斯特提出了“流动空间”这一概念。通过观察一些较有代表性的信息化城市（如美国、欧洲、中国珠江三角洲地区的城市），卡斯特论述了新型城市信息流动性和城市运行的特点，并将他观察到的趋势综合在一个新的空间逻辑下，即流动空间。卡斯特认为，流动空间是由三个层次共同组成的。

第一个层次，流动空间的第一个物质支持，其实由电子交换的回路所构成。[①] 诸如电子通信、电脑处理等构成了信息社会之策略性关

---

① 曼纽尔·卡斯特．网络社会的崛起[M]．夏铸九，等，译．北京：社会科学文献出版社，2006：384．

键过程的物质基础。在这种情况下，空间发生在信息技术所形成的互动网络里，位置是由网络中的互动界定的。可以说："地方并未消失，但是地方的逻辑与意义已经被吸纳进网络。"① 流动空间的第二个层次，由其节点（node）与核心（hub）所构成。② 奠基于电子网络的流动空间，通过网络连接了特定的地方。这些具有完整界定的社会、文化、实质环境与功能特性地域，或成为协调的核心，或成为普通的节点。可以说，"我们社会中的主要支配性过程都接合在网络里，这些网络连接了不同的地方，并且在生产财富、处理信息以及制造权力的层级里，分配每个地方特定角色与权力，而这最终决定了每个地域的命运"③。换言之，网络社会通过信息的流转、权力的转移等，影响着作为节点与核心的地方的命运。流动空间的第三个重要层次，是占支配地位的管理精英（而非阶级）的空间组织。④ 在网络社会中，管理精英操纵了使这些空间得以接合的指导性功能。流动空间仍然是支配性的空间逻辑。不过，"这种支配不是纯粹结构性的，它由社会行动者所发动、构想、决定与执行"⑤。而且，需要引起我们注意的是，真正的支配源自这一事实：文化符码嵌入社会结构的基本方式，使得个体持有这些符码便如同开启了通往权力结构的道路，无须获得社会精英的允许或与社会精英进行"共谋"。⑥

在这种流动空间及其物质基础的影响下，权力也逐渐渗透了网络

① 曼纽尔·卡斯特. 网络社会的崛起[M]. 夏铸九，等，译. 北京：社会科学文献出版社，2006：384.

② 曼纽尔·卡斯特. 网络社会的崛起[M]. 夏铸九，等，译. 北京：社会科学文献出版社，2006：384.

③ 曼纽尔·卡斯特. 网络社会的崛起[M]. 夏铸九，等，译. 北京：社会科学文献出版社，2006：386.

④ 曼纽尔·卡斯特. 网络社会的崛起[M]. 夏铸九，等，译. 北京：社会科学文献出版社，2006：386.

⑤ 曼纽尔·卡斯特. 网络社会的崛起[M]. 夏铸九，等，译. 北京：社会科学文献出版社，2006：386.

⑥ 曼纽尔·卡斯特. 网络社会的崛起[M]. 夏铸九，等，译. 北京：社会科学文献出版社，2006：387.

化逻辑。基于此，卡斯特指出，“流动的权力优先于权力的流动”①。流动空间与流动权力的出现，使得个体超越了地方控制的限制，步入一个更为广阔的空间，个体的意志与价值得以凸显。这是由于：借助网络的流动性以及文化符码的作用，个体具有了较为广泛的信息与价值原则。于是，“广大社会成员用在网络中接受的信息和原则去否定现实，并要求现实发生符合自己利益和意志的变化”。②

在时间方面，卡斯特认为，无时间之时间成为网络社会中时间的支配形式。为阐述无时间之时间这一新的时间概念，卡斯特的论述涉及全球赌场、弹性时间、生涯工作时间等多个方面。

在新技术便利性以及新管理技术的影响下，资本市场的性质发生了改变。即时（real time）成为全球统一资本市场的运作方式。资本不仅压缩了时间，还吸收了时间。可以说，对于时间，电子管理具有极强的消除与操纵能力。③在网络企业中，“技术劳动需要弹性地管理自己的时间”④。因此，时间如同设备一样，成为被管理的资源。这一情形产生的影响是：时间不仅被压缩，还被处理。⑤在生涯工作时间方面，工作时间因人而异，具有较大的差异性。“因此，虽然工作依然整合在一起，社会则倾向于爆裂（eclatement）。”⑥此外，在信息技术的影响下，“电子媒体则依据消费者的冲动或者生产者的决策提供了接近信息、表现与感知的通路。这么一来，有意义事件的整个秩

---

① 曼纽尔·卡斯特. 网络社会的崛起[M]. 夏铸九，等，译. 北京：社会科学文献出版社，2006：434.

② 刘少杰. 后现代西方社会学理论（第二版）[M]. 北京：北京大学出版社，2014：330.

③ 曼纽尔·卡斯特. 网络社会的崛起[M]. 夏铸九，等，译. 北京：社会科学文献出版社，2006：406.

④ 曼纽尔·卡斯特. 网络社会的崛起[M]. 夏铸九，等，译. 北京：社会科学文献出版社，2006：407.

⑤ 曼纽尔·卡斯特. 网络社会的崛起[M]. 夏铸九，等，译. 北京：社会科学文献出版社，2006：407.

⑥ 曼纽尔·卡斯特. 网络社会的崛起[M]. 夏铸九，等，译. 北京：社会科学文献出版社，2006：411.

序失去了内在的、依照时序的节奏，而成为依其功用之社会脉络来安排的时间序列”[①]。在这些方面的影响下，无时间之时间产生了，它既没有过去，也没有未来，只有“即时”。这成为网络社会的时间特征，并“导致在该脉络里运作之现象的序列秩序发生系统性扰乱之时”。也就是说，无时间之时间的变化在很大程度上也是社会秩序的变化。

（二）元叙事的式微与微观叙事的生成

流动空间与无时间之时间对元叙事之存在基础的瓦解，如同确定的空间与时间对元叙事存在基础的建设那样，是通过两个方面实现的。

第一，流动的空间与无时间之时间使得个体经历与经验的差异化程度不断增大。流动的空间使得社会行动与社会空间之间失去了确定的联系，无时间之时间则使得社会行动失去了顺序性。可以说，这种空间与时间上的变化，在很大程度上消解了个体开展社会行动的共同场域，进而增强了个体经历与经验的差异化程度。

从空间方面看，卡斯特对于流动空间内容的描述异常丰富，但是其基本特点可以被总结为：脱离了特定场所流动扩散而成的缺场性。[②]这种缺场性主要体现为两个方面。一是实在空间的缺场。在网络社会到来之前，社会中个体成员之间的互动多是在特定的地域中展开的，人们同时“在场”，并开展多个方面的交流与互动。随着网络社会的到来，网络技术逐渐发展出一种缺场性交往，并日益成为交往的主要形式。这种交往形式由信息所支撑，对交往双方同时在场的要求较低。二是实在空间之意义的缺场。社会地点并非简单的地理学空间，而是地理学空间与社会意义相结合的产物。随网络到来而来的信息流动、象征变化等因素，在很大程度上使得地域性“脱离了文化、历史、

---

① 曼纽尔·卡斯特．网络社会的崛起[M]．夏铸九，等，译．北京：社会科学文献出版社，2006：427.

② 刘少杰．后现代西方社会学理论（第二版）[M]．北京：北京大学出版社，2014：329.

地理的意义，并重新整合进功能性的网络意象和拼贴之中”[①]。即使互动的双方处于同一个场域之中，他们由于信息获取等方面的差异，对于这一空间的理解也会有所差异，进而影响他们对于互动行为的感知、解读与体验。这种实在空间之意义上的缺场，使个体因缺少互动的共同场域而增强了其经历与经验的差异程度。

从时间方面看，无时间之时间所造成的影响可简单地总结为：事物流转的次序与环节被打破。在时间被社会压缩、被个体操纵等情况下，社会中的事物已经失去了一个必然的发展顺序。个体完全可以根据自己的爱好、兴趣、生活习惯等安排各种社会活动，如白天休息，晚上工作。与此同时，无时间之时间模糊了事物发展的具体环节，特定社会活动并不必然地与具体的时间段及其长度密切相连，而是随个体的不同而不同。在这两个方面的综合作用下，个体在相同时间段经历相似事物的可能性大大降低，这就在很大程度上增强了个体经历与经验的差异程度。

第二，流动的空间与无时间之时间增加了社会进行规训的难度。一方面，在空间与时间变化的影响下，社会活动的开展时间与地点失去了确定性，这给社会统治阶级的价值传递工作带来困难，影响着价值传递工作的顺利开展。另一方面，空间与时间的变化，使得社会统治阶级难以有效地监督与检查社会大众的日常行为。在确定的空间与时间中，社会统治阶级可以较为容易地查看社会大众的行为，并根据时间、地点等判断一些社会行为是否符合规定。可是，在网络社会中，社会成员的行为随着空间与时间的变化，而变得日益破碎、零散，与空间和时间失去了必然的联系。即使个体行为不符合特定空间与时间的要求，社会也不能依此判定其非法。在这种情况下，社会规训的难度无疑增大了。

总的看来，在网络社会到来之前，时间与空间的交织也在发生

① 曼纽尔·卡斯特．网络社会的崛起[M]．夏铸九，等，译．北京：社会科学文献出版社，2006：353．

着，有时，一些变化甚至是非常迅速的。即使是这样，它的面向基本上是以群体而非以个体为单位的。这种时空构造的特殊性，借用布迪厄（Pierre Bourdieu）的概念，主要表现在场域上。“社会”是一个空泛的概念，一个分化的社会并非一个由各种系统功能、一套共享的文化、纵横交错的冲突或者君临四方的权威整合在一起的浑然一体的总体，而是各个相对独立的“场域”。[①] 在这种情况下，人们所面对的，往往是根据一个群体所形成的规范（如性别规范、民族规范等）。这个时候，人们与社会的交往方式基本上是以群体为单位进行的交往。随着网络社会的到来，人们与社会的交往方式发生了巨大的变化。在网络社会中，由于认同资源多样，个体成为一个“节点”所在。作为一种“节点”性的存在，个体在与他人、社会保持着非常密切联系的情况下，也时时处于独立状态。几乎任何一种信息，都可以作用于这个节点，而由于节点所具有的主动性与选择性，它所接触的信息，可能是完全异于他人的。换言之，由于“节点”所具有的性质，时空交织难以再将“群体”作为作用的对象，此时，“个体”成为时空交织的承载者。由此，时空交织具有了明显的“个体性”特征。个体所面临的时空环境，可能是独一无二的，唯有自己面对，也只有自己了解。

通过上述分析，我们可以看出：在网络社会中，随着空间与时间性质的变化，社会的一致性遭到破坏。受到社会破碎化的影响，社会价值观念与社会规范也日益处于多元化的状态。可以说，几乎任何一种价值体系，都无法成为人们共同认同的价值体系。自然而然地，整个社会也就难以为一元化的价值观念所主导。面对社会结构改变，那种仅仅重视社会性与总体性话语的元叙事方式，无疑失去了其存在的合法性，也难以在实践中发挥作用。可以说，以普遍性为依据的现代性叙事方式——元叙事已经从合法走向了非法。正如利奥塔所指出

① 郑乐平．超越现代主义与后现代主义——论新的社会理论空间之建构[M]．上海：上海教育出版社，2008：99.

的那样："在当代社会和当代文化中，即在后工业社会和后现代文化中……宏大叙事失去了可信性，不论它采用什么统一方式：思辨的叙事或解放的叙事。"①

随着元叙事社会基础的瓦解，元叙事方式也日益式微，合法性的论证因而发生了转变。利奥塔指出：在普遍性瓦解的社会中，知识合法性的来源发生了变化。他认为，知识的合法性只能来自人们自己的"语言实践与交流活动"②。这种活动没有统一的规则，它如同语言游戏一样不断翻新。对于缺乏普遍性的社会而言，情况同样如此。那么，适应于这个社会的合法化模式是什么呢？利奥塔认为，合法性乃是来自类似语言游戏的约定性规则，它是由参与者（游戏者）以某种"契约""约定"的方式产生的，并且各种游戏各有其自身的玩法。③后现代思维的"悖谬逻辑"则有助于合法性的生成。归纳而言，"悖谬逻辑"的主要内容有两点：一是局部决定论，二是话语的歧异性原则。第一，局部决定论。在利奥塔看来，社会并不像"元叙事"所假设的那样，它并不是一个坚固的整体，也不存在着统一与绝对的真理。实质上，社会是由各个部分组成的，而且每个部分有其特殊性，并处于不断的发展变化之中。在这种情况下，评判事物的标准应该由局部决定，即"局部决定论"。它"指有关游戏规则的任何共识，以及可以在游戏中走出的任何'走法'，都必须是社会局部的，只有在一定的时间和空间范围内有效，或者说，都必须是当时的游戏者所同意并且是可以最终取消的"④。第二，话语的歧异性原则。在日常生活中，话语的歧异性是必然存在的。不可否认，话语具有一定的连续性。例如，当一个人说"门关上了"这一话语时，其他人的话语基本

① 让-弗朗索瓦·利奥塔. 后现代状态：关于知识的报告[M]. 车槿山，译. 北京：生活·读书·新知三联书店，1997：74.

② 让-弗朗索瓦·利奥塔. 后现代状态：关于知识的报告[M]. 车槿山，译. 北京：生活·读书·新知三联书店，1997：86.

③ 陈嘉明. 现代性与后现代性十五讲[M]. 北京：北京大学出版社，2006：320.

④ 陈嘉明. 现代性与后现代性十五讲[M]. 北京：北京大学出版社，2006：227.

上是延续着“关门”这一思路展开的。但是，在具体内容上却极有可能出现差异。例如，其他人可能回应“我知道了”，也有可能回应“请再打开”。由此可见，话语之间会产生歧义。因此，我们不能如“元叙事”那样，用一种话语压制另外一种话语，而是应该注意倾听各种话语。我们需要“允许作为弱势群体的少数话语来讲话，从而达到保留不同观点的目的，而不是以‘人类整体’为借口，用普遍性的话语来压制个别的话语”[①]。

通过上文的描述，我们可以看出，“悖谬逻辑”实质上是对于普遍化、总体性秩序的一种反对，并追求事物的多元性、个别化、流动性与生成性。在这种逻辑的影响下，人们在叙事时往往更为注重个体的日常生活与日常经验。与元叙事相对，我们可以将这种方式称为“微观叙事”。这是性质几乎完全不同于元叙事的一种叙事方式。一般情况下，微观叙事往往采取一种微观的话语方式，采用能够凸显个体性的词汇来完成叙事。相较于元叙事而言，微观叙事更为重视个体的生活与经验，更为强调个体的内心与情感。一般而言，这种叙事方式是较为开放的、可以建构的。可以说，元叙事与微观叙事的本质区别之一是：元叙事较为强调共同的理想和非常强烈的社会意识，而微观叙事则非常关注个体的生命历程及鲜活的日常生活经验。在微观叙事的模式下，整个叙事内容往往非常贴近个体的日常生活，个体能够真切地体验到叙事的温度与情感。而且，在某些情况下，个体还能以自己的生活经历或生命体验，参与到叙事过程中。受到上述情形的影响，个体的生命、思想、感情都能得到一定程度的彰显，而非仅仅处于被压制状态。

二、情境性的强调：表征的弱标准性增强

与之前的元叙事相比，微观叙事更为注重个体的生活经历与情境，从而在一定程度上保证社会规范的适切性，进而有助于社会规范

① 陈嘉明．现代性与后现代性十五讲[M]．北京：北京大学出版社，2006：231．

认同的形成。一般而言，社会情境一般可以分为两个方面：一方面是文化的情感情境定义，即立足、遵循特定文化而建构起来的反映了特定情境的感情意义；另一方面是当下的情感情境定义，即当事人对当下情境的特殊情感反应。[①] 换言之，前者是一种社会历史情境，而后者则是一种个人情境。社会历史情境为生活于特定历史阶段的人搭建了一个生活的舞台，个人情境则是一种心境，反映了个体对于社会历史情境的认知与感受。在相同的社会历史情境下，个人情境也会具有很大程度的差异性。在社会生活中，微观叙事通过对这两种情境性的强调与保护，增强了社会表征的弱标准性。

（一）历史情境性的强调：表征的当下性

按照微观叙事的基本观点，社会并不是一个完整的体系，而是由诸多局部汇聚而成的。这些局部并非基于统一的标准与理念，而是一种碎片化的存在。基于这样的思想观念，在面对社会的历史发展时，微观叙事较为强调社会的历史情境性，并在此基础上意识到并保护表征的历史特殊性。

微观叙事的“局部决定”观念使得社会的持续更新性为人们所充分认可，与此相应，表征的持续更新性也为人们所充分认识。在宏观叙事的影响下，人们往往倾向于认为：在普遍性原则的影响下，社会发展的延续性较强，社会更新仅仅是一小部分，甚至是可以不用关注的一个部分。在这种情况下，人们对于社会问题的思考往往有意无意地忽略具体的历史情境。模仿吉登斯“脱域化”的概念，我们可将这种思维逻辑称为“去历史情境化”的逻辑倾向。在吉登斯看来，“脱域化”主要是指“社会关系从地方性的场景中‘挖出来’并使社会关系在无限时空地带中‘再联结’”[②]。依据这一内涵，我们认为“去历史情境化”则是指社会事件从特定的时空中被“挖出来”，置于其他

---

① 郭景萍．情感社会学：理论·历史·现实[M]．上海：上海三联书店，2008：35．

② 安东尼·吉登斯．现代性与自我认同[M]．赵旭东，方文，译．北京：生活·读书·新知三联书店，1998：19．

的社会情境之中。但是，微观叙事的“局部决定”观念提醒人们：社会发展的更新性是不可忽略的一部分，在某种程度上，社会发展的更新性甚至远远胜于其延续性。

人们逐渐树立了这样的观念：社会始终处于持续的发展变化过程中，网络社会尤其如此，人们需要充分意识到并尊重社会发展的持续更新性。如同其他技术的出现一样，网络作为一种技术手段，对于整个社会结构产生了深刻的影响。正如卡斯特指出的那样：“作为一种历史趋势，信息时代的支配功能与过程日益以网络组织起来。网络建构了我们社会的新社会形态，而网络化逻辑的扩散实质性地改变了生产、经验、权力与文化过程中的操作和结构。”[①] 与之相应，社会的分工、组织形式、权力关系、人际互动方式等方面，均发生了巨大的改变。而且，由于网络更新换代的快速性以及信息传递的便捷性，上述改变可以说是日新月异。正像每一天的太阳都是新的一样，每一天的网络社会也几乎是全新的。生活在网络社会的个体，对于网络带来的社会改变与不断更新，有着较为清晰的认识。在他们看来，他们所处的网络社会不仅是不同于父辈的社会，甚至都不同于昨日的社会。既然社会发展如此迅速，那么我们基本上就不能使用昨日的标准来衡量今日的存在。在看待相关社会现象时，个体应该时刻注意到社会发展的更新性。

受到上述观念的影响，个体也逐渐意识到：表征作为社会系统中的一个组成部分，随着社会的发展处于不断的发展变化过程中。例如，在不同的社会发展阶段，各种具体的符号处于不断的消失与涌现过程中，由此造成表征的符号系统处于不断的更新状态中。再如，对于不同的发展阶段而言，同一个符号所蕴含的意义具有极大的差异性，进而使得表征的内在意义也处于持续更新的状态。对于这些变化，微观叙事给予了充分的关注，认可这些更新的内容并使其不断进

① 曼纽尔·卡斯特．网络社会的崛起[M]．夏铸九，等，译．北京：社会科学文献出版社，2006：1.

入公众视野，促使随着社会所更新的表征能够具有社会合法性。由此，表征也走出了“老古董”时代，具有当下性的基本特征。

（二）生活情境性的强调：表征的个体性

与元叙事不同，微观叙事并不忽略社会生活中的个体。它开始面向个体甚至重视个体的日常生活。如“话语的歧异性原则”所表达的那样：对于同一件社会事物，不同的人具有不同的看法。换言之，由于人们所处位置、生活经历与生活环境等存在差别，个体看待社会的视角也存在很大的差异，并不具有社会统一性。视角主义（perspectivism）如是说：“每个人从其自己的视角看世界，每个人是非常不同的并且显示给我们不同的视角，不存在统一所有视角的总体性。”[①]

首先，微观叙事促使人们认可个体生活的特殊性。在网络社会中，长期使用网络的青少年形成了一种注重“场景”的生活方式。场景的基本内涵是：在各种技术手段的相互作用下，形成的一种符合个体且仅符合个体的环境与反应。形象地说，“‘她’就像是一个贴身助理，对你知之甚详，对于外界的各种信息也无不知晓，可以帮你打理一切。场景时代和以往差异的地方在于‘更加符合每个人当时的需求’；也就是说，服务是个性化的、智能的，且随着时间与地点而适当变化”[②]。虽然，场景时代尚未完全到来，但是随着网络技术的发展，已经使个体具备了场景时代的基本生活条件，并发展出“场景”生活的思维方式。也正源于此，个体开始利用各种条件构筑属于自我的生活。在微观叙事看来，个体看待世界的方式不一样，其组织生活的方式自然也就存在差异，这些差异是一种正常现象，而不是社会的病症所在。因此，对于个体生活，人们没有必要强求统一。延续这种逻辑，微观叙事使得人们产生一种观念：人们应该尊重个体生活的特

---

① 傅其林．宏大叙事批判与多元美学建构[M]．哈尔滨：黑龙江大学出版社，2011：208．

② 罗伯特·斯考博，谢尔·伊斯雷尔．即将到来的场景时代[M]．赵乾坤，周宝曜，译．北京：北京联合出版公司，2014：6．

殊性。

其次，微观叙事不断合法化表征的个体特殊性。与“场景”式生活相应，由于网络具有开放性、自由性等基本特征，因此，个体可以从网络中快速、便捷地选取甚至创造自己所需要的各种表征，并对这些表征进行自由的整合与处理。与网络到来之前的社会相比，个体所使用的表征不仅具有地域、民族等特殊性，还具有家庭甚至个体的特殊性。微观叙事之所以如此，是由于个体可以通过信息的选择与组织，构筑出一种专属的表征体系。这种“专属性”使得个体之间的经验难以互相衡量与比较。在这种情况的影响下，个体往往较为重视自己的专属内容。自然而然，在社会规范的认同过程中，青少年容易从自己生活的具体内容出发，也希望社会尊重这些内容及相应的表征体系。从微观叙事的基本观点来看，个体的这种诉求并不过分。既然任一个体的生活都具有一定的特殊性，个体在自己的生活中运用专属的符号体系及其内涵，也是理所应当之事。微观叙事所要倡导的是：个体性的表征并非是一种非法的存在，而是具有很大程度上的合理性。也正是在这一过程中，微观叙事使得人们逐渐接受专属性表征体系的合法性。因此，在生活情境性得到不断强调的情况下，表征也不断具备了个体性的特征。

无论是重视社会历史情境还是重视个体生活情境，二者都是对于统一性价值观念的反对，相应地，也就是对多元价值观念的宣扬。换言之，微观叙事通过重视各种情境，圈定属于这个时代乃至属于该个体的表征，增强表征的社会及个体适切性。在注重个体情境性的情况下，个体使用的表征可以有效地回应网络社会及个体的基本要求，具备历史特殊性与个体特殊性。正如一位研究者所指出的那样：“个人的认同性是一种构建，是由个人的生命情境中的材料所组成的，而且就如萨特、福柯等提醒我们的那样，个人可以依据自己的计划来改变和转换自己的生活。”[①] 在这个过程中，正是微观叙事对于特定历史阶段、个体情感等方面的强调，使得个体生活的社会历史情境与个体情境得到重视。可以说，叙事方式由宏观走向微观，使得个体摆脱了那种大一统的局面，个体生活情境引起人们的注意与认可，从而使得个体所使用的表征体系也日益走出那种统一性的状态，不断分化，进而具有极大的差异性。由此，表征的标准也就处于不断式微的状态，日渐趋于弱标准性。

---

① 道格拉斯·凯尔纳．媒体文化——介于现代与后现代之间的文化研究、认同性与政治[M]．丁宁，译．北京：商务印书馆，2013：442．

第三节
自编性：青少年社会规范认同的形式特征

表征是青少年建构社会规范认同时所运用的重要资源。随着网络社会的到来，表征的标准性日趋减弱。在运用该种性质的表征过程中，青少年可以在选择与运用表征的过程中自主地添加个人因素，凸显自我性、追求独特性。受此影响，青少年社会规范认同的形式特征也由较强的标准性走向较强的自编性。青少年社会规范认同取向上的变化，具体是由表征对情境的强调、对多样性的尊重以及对自主性的允许造成的。

一、表征的情境性：基于个体经验或超经验的社会规范认同

在网络社会中，表征日益脱离了普遍性原则的影响，开始产生于具体的情境当中。表征逐渐具备情境性之后，意味着其来源在很大程度上发生了转变。对于个体而言，表征来源于自己的日常生活，源于自己的所知、所见与所感，也就是来源于个体的具体经验。受到网络技术的影响，这种具体经验主要可以分为两种类型：一是真实生活中产生的经验，二是超真实生活中得到的超经验。由此产生的结果是青少年的社会规范由基于经验到基于经验与超经验。

受到社会普遍性原则的影响，表征的产生与作用的发挥往往是凌驾于个体上的。对于青少年而言，由于整体社会体系及成员作为后盾，这些表征往往是神圣而不可置疑的超经验之物。当青少年借助超经验之物来实现社会规范的认同时，其基础往往是超经验的。这种超经验之物具有多种类型，在社会历史发展过程中，常见的类型主要有两种。一是神灵之物。如中国民间所信仰的各种神灵。个体往往通过

信仰这些神灵而对相应的规范体系进行认同。二是超经验的事物。如民族的经验与情感、群体的意志等。个体一般通过信从这些超经验的事物进而完成对规范体系的认同。[①] 在以这些事物为基础进行社会规范认同的过程中，青少年往往是无条件，同时也无法提出条件地认同相关的社会规范。正如在我国古代传统社会中的那样，青少年由于信仰于天，信服天所主导的天道，进而认同由上天所赋予合法性的各种规范体系。可以说，这一价值内核的基本特征是：青少年借助于一些凌驾于个体之上、既不能证实也不能证伪的事物来完成认同。在认同过程中，青少年是以对这些超经验之物的无条件信仰为根基，实现社会规范认同的。

随着网络社会的到来，青少年在进行社会规范认同时所凭借的表征逐渐来源于个体的日常生活及其对于世界的自我感知。在这些事物中，一部分是个体亲身经历的，可以称之为经验性事物。例如，在现实生活中，个体会经历诸多事件，并可以见到甚至掌握一些特定的符号甚至符号体系。对于个体而言，表征就是以此为基础形成的。另外一部分，则是个体通过网络实现的。在“超真实”的影响下，个体虽然并未亲身在场经历某些事情，可是却能够借助于各种“超真实”的环境，了解一些事件与内容，由此形成一些具体的经验，这些经验可以被称为“超真实”的经验。在进行社会规范认同时，上述两种表征成为网络社会中青少年所使用的主要表征。例如，青少年认同各种规范，主要决定于他们身边的具体人物、事例与符号等。在网络社会中，青少年更习惯于使用个体所能寻找、观察到的相关群体以及生活案例，作为认同特定社会规范的具体材料。神灵之物可能被日常生活中的人物，甚至自己身边的人物所代替。在这一替换的过程中，神圣性伴随着神灵之物的消失而消失。可以说，在之前的历史阶段，青少年认同社会规范时需要看看“神”的脸色，而在当前这个社会中，青少年则需要参照身边“他们”的表现。与之相似，共同体的情感与观

① 黄金兰. 民间规则的认同模式及其意义[J]. 山东大学学报，2007，3.

念可能被青少年自己的体验与观念所取代，进而失去了那些压制个体的力量与可能。在这种情况下，青少年的经验与“超真实”的经验在认同过程中的作用就显得极为重要。

网络社会中青少年的“新部落化”特征可以体现出这一变化。对于青少年而言，现实社会交往中传统的血缘、地缘、学缘、业缘等强关系在网络社会依然存在，但没有成为青少年网络流行文化生产、传播、消费关系中的强链接。与之相反，共同的兴趣爱好则成为重要纽带，将青少年跨阶层、跨性别、跨时空地连接起来。研究表明，青少年网络文化的趣缘分布广泛，从衣食住行的日常生活到休闲娱乐的时尚消遣，从学习工作的信息获取到谈情说爱的攻略宝典，任何一种兴趣都可以在网络空间切割出一块天地，汇聚起有着共同爱好的人们。互联网海纳百川的包容性，青少年对自由和个性的追求，对新技术和新事物的追逐，促使青少年网络流行文化的“大众化”“流行化”日趋向多样性、小众化、趣缘化的“圈子文化”演变，呈现出社会学家马费索利所说的“新部落化”的存在样态。“在马费索利那里，‘部落’是一种隐喻。他所说的部落不是稳定的群体，因为部落中的人可以自由地从一个部落流动到另外一个部落。”[①] 这也是“新部落化”的特殊性所在。比如，“同为网游爱好者、角色扮演爱好者、网络音乐爱好者，但各自所热爱的对象、类型可以完全不同，彼此之间并没有交集。同为明星粉丝，但所迷对象不同，则形成的迷群也完全不同”[②]。也正是在这种情况下，青少年在社会规范认同的过程中，主要参考身边“他”“他们”以及由此产生的各种“经验”与“超经验”。

总体而言，表征的情境性使得超经验逐渐失去其力量，并不断增强个体经验的价值与作用。自然而然地，个体在进行社会规范认同时，就会更多地依赖自己的经验与“超真实”的经验。如果用一句话总结这种变化，那就是：个体借助自己切实的生命与生活体验来实现

① 王宁．自目的性和新部落主义：消费社会学研究的新范式[J]．人文杂志，2017，2.

② 中国青少年研究中心，等．新媒介空间中的青少年文化新特征[J]．中国青年研究，2016，7.

规范认同，在这一过程中，个体是以现实经验或“超真实”的经验为基础，完成社会规范认同的。

二、表征的多样性：基于多种认同材料的社会规范认同

宏观叙事往往基于已经确立的理念对表征进行建构，对于那些不同于自身的表征，其往往是排斥甚至压制的。在这种情况下，表征的建构权往往隶属于特殊的一个群体，由此导致表征的一元化程度较高。在表征的建构与展现过程中，这种一元化主要体现为解释权、命名权以及具体化权力的单一。换言之，对于表征的解释、命名等，往往是由一种声音主导或确定的，其他声音难以对解释、命名等方面产生影响。在很多时候，我们甚至很难听到其他的声音。这种情况的发生，与主流声音对于其他声音的压制甚至遮蔽密切相关。我们以“命名”为例进行分析。

实际上，几乎任何一个社会成员或者社会团体都在对其所看到、听到的社会现象进行命名。从语言学上讲，“命名是一种合目的的同义选择过程，即命名者按照有利于自己的方式，通过相关性或相似性的联想，在若干同义的形式中选择适合自己的名称来为事物命名”①。在看到或者听到一些社会现象时，个体往往会基于自己的经验、爱好甚至想象，对这些现象予以命名，以方便自己对于这些事物的认知。但是，“命名”并非简单的语言学过程，它“在某种程度上框定了话语的游戏规则，体现出一定制定规则的权力”②。简言之，命名是与权力密切相关的，其以权力作为基础与后盾。在社会生活中，受到权力支持与认可的名称，才能在社会中普及化，成为一种实质意义上的名称。而那些未得到权力支持的名称，则难以走向社会，更遑论被大众所认可，从而消失在历史的潮流之中。系统化权力对于命名的影响在于：它仅仅支持特定群体对于事物的命名，并促使这些命名为公众所

① 孟华．修辞学命名理论[J]．汉语学习，1998，2．

② 李红．网络公共事件：符号、对话与社会认同[M]．北京：中国社会科学出版社，2015：72．

认可。对于其他的命名，它要么忽视，要么打压，使其难以凸显于大众面前，从而无法使这些命名成为实质性的存在。

微观叙事的出现，使得那些形式上存在的解释、命名、具体化等具有了成为实质的可能性。与宏观叙事不同，微观叙事更多地指向具体行动与目标，并为这些具体行动与目标提供合法性的变化。由此，表征的建构权力并非长久地掌握在某个特定群体手中。源于这种影响，任何一种解释、命名、具体化等都有可能得到微观叙事的支持，进入公众视野，并成为公众的话语与认识。在这种情势的影响下，对事物的解释、命名等工作并非是由一个特定群体掌握的，而是在不同的群体中流转。正如一些研究所总结的那样：网络公共事件中的命名体现了主体相互之间复杂的互动、承认、妥协和博弈关系，权力呈现出一种暂时性的状态，谁也没有绝对的命名权。[①] 对于表征的建构而言，这意味着：表征的建构权力并非仅仅隶属于一个特定群体。众多群体对于表征的建构基本上都能发表意见与想法，并促使这些意见与想法成为表征的有机构成部分，而非被忽略在一旁。

由此带来的必然结果是：表征的建构者逐渐走出一元化的状态，而日趋多元化。这种建构主体的多元化，在很大程度上冲击了表征由于建构主体一元化而出现的表征一元性。一般情况下，一元化的建构主体在思想观念、行为方式上均有着较高的同质性，这使得其建构物也相应地具有较高的一元性。多元建构主体的涌现，在很大程度上打破了同质性，使得表征也日趋多元。如前所述，表征是青少年建构社会规范认同的重要材料与资源。表征的多元存在，使得青少年的社会规范认同具有了多种多样的材料。在建构自己的社会规范认同时，青少年可以依据自己的情况自由选取，而不再仅仅受制于特定种类与数量。

---

① 李红．网络公共事件：符号、对话与社会认同[M]．北京：中国社会科学出版社，2015：71-72.

三、表征的任意性：基于独特意义的社会规范认同

在阐述语言符号的一般规则时，索绪尔（Saussure）提出了语言符号的任意性这一重要概念。依据索绪尔的观点，语言符号是两个要素之间的结合。他用“能指”和“所指”来指称这两个要素，进而指出：“能指和所指之间的联系是任意的，既然我们所说的符号是通过能指和所指的联系所产生的整体，我们可以更简单地说：语言符号是任意的。”① 这种任意性，实质上所要言明的是符号与意义之间并没有必然的联系。作为符号与意义的结合体，表征也同样具有语言符号的这一特性：任意性。在宏观叙事占据主导地位的社会环境中，表征的任意性由于缺乏合法性，并不十分明显。而随着微观叙事的到来，表征的任意性日益增强。青少年可以自主、自由地将符号与意义进行排列组合。话语体系特性的变化就是一个明显的例子。

依照不同的划分标准，话语体系可以分为多种类型。依据区域的大小，可分为世界性话语体系、国家性话语体系与地方性话语体系；依据计划性的强弱，可分为计划性话语体系与市场性话语体系。在本部分，我们主要以社会与个体为界限，将话语体系分为社会性话语与个体性话语。随着表征任意性的增强，在青少年社会规范认同过程中，个体性话语体系不断凸显。无论是社会性还是个体性，二者指向的均为话语的基本性质，而非简单的外部表现。这两者的区别在于：话语是完全掌握在社会手中，由社会决定，还是可以为个体所解读、具有个体的生命色彩。实质上，我们可以从“权力与话语”的关系来理解话语体系的走向。按照米歇尔·福柯在《词与物》等著作中的论述，我们“在话语分析中不能不考虑权力问题，或者说将权力置于话语分析的中心”②。依据这一思路，我们可以将话语体系社会性与个体性的区别表述为：前者是将话语完全垄断起来，后者则是将话语分权

① 张绍杰. 语言符号任意性研究[M]. 上海：上海外语教育出版社，2004：4.

② 陆玉林. 当代中国青年文化研究[M]. 北京：人民出版社，2009：126.

于个体。

话语体系的社会性指的是社会将话语完全垄断起来，成为话语的唯一塑造者与解读者。这类话语体系的基本特点是：在概念、社会事件、社会角色等社会事实的语言描述与意义赋予上，社会是唯一的合法者。在这个过程中，个体处于受压制状态，无法发出自己的声音，也不能赋予上述社会事实个人的理解。在这种情况下，青少年被成功地编织到社会结构之中，他们在进行社会规范认同时，所使用的也仅仅是社会所塑造与界定的话语及其内涵，服膺于社会对于话语的界定和控制，进而按照相关要求形塑着自身的行为与价值观念等。

话语体系的性质随着网络社会的到来而有所转变。在网络社会中，个体性成为当前阶段话语体系的主要性质。在个体性的话语体系中，社会并非完全丧失了权力，而是主动或被动地将权力赋予青少年。此时，社会与个体共同成为话语的拥有者，话语也因为具有了个体生命色彩而呈现出多元性特征。与之相应，个体性话语体系的基本特点可以表述为：对于概念、社会事件与社会角色，社会与个体均可以对其进行语言描述与意义赋予，社会在这个方面的独尊地位被打破了。这也就意味着，个体可以根据自己的理解与生命体验，赋予各种社会事实以独特性的内涵。正如一些研究者所总结的那样：在自媒体时代，内容、生产的语义、语言表达、传播形式等均有着自媒体人自身的个性、才华、思想印记等。[①] 例如，关于什么是“好老师”这一问题，在社会性话语体系下，好老师基本上是社会标定符号“人民教师”下的“忠诚于党和人民的人”，或者是另一符号“人类灵魂工程师”下的积极为“新社会进行立法的人”。[②] 而当前，好老师却并不仅限于此，不同的个体对于好老师的理解有别的含义。例如，“好老师是受

① 师曾志，胡泳，等. 新媒介赋权及意义互联网的兴起[M]. 北京：社会科学文献出版社，2014：77-78.

② 刘云杉. 从启蒙者到专业人——中国现代化历程中教师角色的演变[M]. 北京：北京师范大学出版社，2006：211-215.

到学生喜欢的人”“好老师是具有人格魅力的人”“好老师是多才多艺的人”等。由此可见，当前社会话语并不完全掌握在社会手中，诸如何谓“爱国者”、何谓“贡献”“服务”等也可以清晰地体现出这一点。可以说，个体的特色冲破社会的遮蔽，得以凸显出来。他们在进行社会规范认同时，也继续延续了这一趋势，根据自己对于语言、社会事件等的理解，培塑着个体的价值观念与行为模式。

青少年对哔哩哔哩宣传片《后浪》的评价就是一个例子。《后浪》是于2020年5月3日(五四青年节前夕)首播，由哔哩哔哩推出的演讲视频。在该视频中，国家一级演员何冰登台演讲，认可、赞美并寄语年轻一代:“你们有幸遇见这样的时代，但时代更有幸遇见这样的你们。”截至2020年5月28日21点，《后浪》在哔哩哔哩达到了2562.2万人次播放量，27.3万条弹幕，156.9万个点赞，102.9万次转发。青少年对于《后浪》的评价，存在着诸多差异。

◆个人觉得这个宣传片是一种正能量的传递，无论生活好与坏，每个人都有追求梦想的权利……每个人都值得通过自己的努力过得更好……

◆我喜欢这个视频的原因是，它表达出了我对年轻人的期待(我是“95后”)。而我说的“年轻人”也包括了我看到的“00后”“10后”……不管这个视频受众是谁，不管文案是以什么角色来写的，都是在呈现一个好的样子。即使它现在代表不了大多数人，但我希望它可以代表未来的大多数人。我们一起努力不好吗?

◆实话实说，宣传片里确实很多都是高级玩家，不是普通人可以达到的。但是不管怎样，不要妄自菲薄，还是积极面对生活吧，社会也会慢慢变好的。

◆看了《后浪》，其实没有很厌恶的感觉，选择的权利，去看世界，好像是比之前的老一辈就像爸爸妈妈他们得到的更多，挺不错的。这个社会就是需要不同的声音，不过我应该也算后浪了，希望别被拍太扁。

在网络上，关于《后浪》的评价非常多样，且每种评价都具有一定的点赞量(即支持的数量)。个体可以基于对这些材料的自主解读，决定认同何种社会规范。由此可见网络社会中青少年在社会规范认同方面的变化。

在以上三个方面的影响下，青少年在社会规范认同过程中往往以自己的需要、利益、兴趣等为出发点，根据自身的实际情况，选择建构认同的具体标识物。在这种自我选择之中，青少年社会规范认同的形式上表现出明显的自编性特征。在《翻转世界》一书中，尼克·比尔顿（Nick Bilton）提出了“即时性动物”这一概念来描述网络时代的人们。在尼克·比尔顿看来，网友是一群“即时性动物”，他们集体搜寻、获取、散播并反刍各种形式的内容，包括一口大小的点心与一份正餐。[①] 可以说，也正是在这种不断的自我搜寻中，青少年社会规范认同在形式上逐渐脱离了整齐划一，而变得更具独特性。由此，自编性代替标准性，成为网络社会中青少年社会规范认同的主要形式特征。

① 尼克·比尔顿. 翻转世界——互联网思维与新技术如何改变未来[M]. 王惟芬，等，译. 杭州：浙江人民出版社，2014：15.

第三章

自嵌：网络社会中青少年社会规范认同的实现方式

恰如那些新大陆开拓者的后代无法理解使他们的父辈至今谈起仍然泪水潸潸的往事，今天的年轻一代也无法分享父母们对那些令人怀旧的往事所产生的种种体验。……他们对父辈远渡重洋的求生之路所知甚少，甚至不知道什么样的树木适合做什么样的工具，什么样的土地该用什么样的锄头，但是他们觉得父母的方法并不合适，父母的操作笨拙，收获也极不稳定。年轻的一代尽管不知道应该怎样去做，但他们感到一定有更好的方法。

——玛格丽特·米德

社会规范认同的实现，最终需要落实到个体身上并依靠个体完成，其基本方式也是认同者依据自己所处的社会环境以及自身的实际情况而定的。社会环境、权力关系、认同资源及认同框架的改变，会通过显性或隐性的方式作用于个体的身心，影响个体的意识与行为。从社会的角度看，一种社会能够塑造一类“个体”，并使其具备、展现出相应的特征。具体到社会规范认同方面，青少年在社会互动过程中，能够较为敏锐地“觉察”到社会的特征、社会与“我”的关系以及社会给自己提供的条件、资源甚至是“便利”。以此为基础，青少年通常会积极利用各种可以使用的资源与条件，在社会规范认同过程中调整“自我与社会的关系”，进而修正“自我与社会规范的关系”“社会规范的内容”等，最终实现社会规范认同。在这一过程中，青少年也逐渐形成属于“他们”的社会规范认同方式。前文对影响青少年社会规范认同的社会层面进行了剖析。本部分将聚焦于青少年自身，从“我”的角度对网络社会中青少年的社会规范认同进行分析，并在此基础上探讨他们认同社会规范的基本方式。

第一节
网络技术的“零”与“整”：“我”的出现

在网络社会中，网络技术不仅对社会结构与社会规范产生了影响，它还在很大程度上影响着生活于网络社会中的青少年。当前，网络技术对青少年的影响主要表现在两个方面：一是网络技术的零碎性使得青少年的依附性不断减弱，二是网络技术的系统性促使青少年逐渐脱离“无思”状态，走向“有思”状态。

一、网络技术的零碎性导致个体依附性的瓦解

网络技术的零碎性是指网络技术的节点式、无中心存在。按照网络设计者的基本观点，他们所设计的网络是基于多个计算机的相互作用形成的，在这些计算机中，并没有一个明确、固定的中心存在。这种设置在很大程度上减弱了个体的依附性。之所以如此，是与个体依附性产生的根源密切相关的。

（一）资源集中：个体依附性产生的根源

个体的依附性是指个体依附于社会结构的属性。按照所依附对象的不同，个体的依附可以分为两种类型：

一是个体依附于他人。这在我国传统社会中有着较为明显的表现。在我国传统社会中，个体依附于他人，是隶属于他人的“私有物品”。正如一些研究者指出的那样：“在古代专制社会，所有人都是被人‘私有’，都属于没有独立人格的‘私民’。”[①] 在家庭中的长幼关系上，我们可以看到这一点。例如，《孝经·开宗明义》中说道：“身体发肤，受之父母，不敢毁伤，孝之始也。立身行道，扬名于后世，以显父母，孝之终也。”由此可见，我国的传统价值观念一直将孩子视为父母的一部分，而非一个独立的个体。此时，以孩子为代表的整个社会成员基本上是他人的“依附者”。因此，整个社会才会出现“君让臣死，臣不得不死；父让子亡，子不得不亡”的现象。

二是个体依附于群体。如果说启蒙运动是将“人”从“神”的束缚或庇佑中解放出来，强调“人”在整个宇宙中的特殊性与能动性，那么，网络社会的到来则是把“个体”从“群体”的湮没中发掘出来，彰显每一个具体“人”的特殊性。可以说，网络社会推动了“我”的出现，凸显了“我”的存在。自启蒙运动开始，人的特殊性就在很大程度上得到了重视与弘扬，这无疑具有伟大的历史进步意

① 檀传宝．论“公民”概念的特殊性与普适性——兼论公民教育概念的基本内涵[J]．教育研究，2010，5．

义。可需要我们注意的是，人的发现是以“类”或者“群体”的方式实现的。这种转变并未从根本上改变个体的依附性。只不过，个体依附的指向发生了一定的变化——此时个体更多的是依附群体。在历史发展过程中，受到诸多因素的作用，这种“群体”的思想对于社会思想与实践产生了较为深刻的影响。在教育领域中，相关的教育思想与实践并不少见。国民教育思想的代表人物乔治·凯兴斯泰纳（George Kerschensteiner）明确指出：“有用的国家公民”是“国家国民学校的教育目标，并且是国民教育的根本目标”。[①] 在教育过程中，凯兴斯泰纳并不否认培养、提升个体素质与精神的必要性。例如，他认为教育者应该重视受教育者的身心健康与情感情绪，对受教育者进行如职业能力、道德情操等诸多方面的教育。这一理念的基本落脚点却在于受教育者应该绝对服从国家，为国家服务。换言之，个人通过自我的完善实现为国家服务的目的。由此可见，在凯兴斯泰纳的思想观念里，培养为国家服务的人是教育的根本任务所在。

个体依附的指向虽然存在差异，但其基本性质是一样的。个体依附性的产生，从根本上来说是社会资源的集中造成的。各种社会利益产生于社会资源，社会资源因此成为社会利益分配的重要基础。掌握资源的人，可以决定资源分配的数量与方式，进而决定个体的基本生活。即，掌握资源的人可以决定他人的社会等级（官员还是非官员，有产者还是无产者），也可以决定个人的生活水平（富有还是贫穷）。在这种情况下，个体为了获得较好的生活状态或者保证基本的生活水平，会自然而然地依从于资源的掌握者。在现实生活中，资源掌握者或是个人，或是群体。同时，在不同的社会阶段，因资源集聚程度不同，依附的表现也具有一定差异性。在农业社会，从全国范围来说，土地资源主要掌控在君王手中；从个体生活层面而言，土地资源主要掌握在地主手中。因此，个体依附的对象即为皇上或地主，以及拥有

① 乔治·凯兴斯泰纳．凯兴斯泰纳教育论著选[M]．郑惠卿，译．北京：人民教育出版社，1993：15．

土地资源的个体。通过这些论述，我们可以看出：依附之所以产生，从根本上来说是资源的集聚性导致的。资源的集聚性程度越高，个体的依附性就越强。

（二）节点式设计：网络技术对依附性的弱化

网络技术的节点式设计在很大程度上改变了资源的集聚情况，进而减弱了个体的依附性。在网络社会中，网络技术本身就是一种资源。此外，个体通过网络的节点，可以自由自主地掌握一定的信息，发展出新的资源。由于网络技术的低门槛性以及信息的异常丰富性，在两种因素的综合作用下，资源的集聚性大大减少，资源相对较为分散。这种分散性，则在一定程度使得个体的依附性减弱。这种作用的发生，主要是通过以下三种方式具体实现的：

第一，资源的分散性破坏了原有的依附结构。在资源较为集中的情况下，资源掌握者建立了一个稳定的依附结构。这种依附结构由于资源性质差异、数量多寡而形成一种较为完整的体系。这一完整的体系结构不仅能够在很大程度上满足个体生活的一切，还具有极强的吸附性。一般情况下，存在于其周围的各种资源，会通过或显性或隐性的方式被吸附到该结构当中。对个体而言，由此形成的情况是：只此一家，别无分店。即，个体只能从这个结构中获得生活的基本资料，一旦脱离相关的依附结构，个体就难以从其他地方获得资源以满足其生活需要。在这种情况下，个体只能被迫依附特定的个人或群体。网络社会中资源的分散性在很大程度上改变了这一点。在社会生活中，资源的分散性可能不会影响依附性结构的建立，却使得这种结构日渐失去了其束缚性力量。由于资源是极为分散的，个体可以从多个渠道获取自己所需要的生产、生活资源，而不必依附于某个结构，甚至不必依附于特定的一个结构。在这种情况下，依附结构可以说更多的是一种形式上而非实质上的存在。由此，个体逐渐从结构的控制中走出来。

第二，资源的分散性为个体摆脱依附性提供了动力。这种动力主要是通过两个方面实现的。其一，资源的自我掌握使其具有了摆脱群体或结构束缚的意识与能力。由于逐渐走出原有的依附结构并能够自我满足，个体会对群体或结构的束缚产生一个较为清晰的了解，而非如之前一样，生活在一片混沌之中。在意识到这一点之后，个体往往会调动各个方面的力量，打破群体或结构对于自我的束缚，追寻独立性。其二，资源的不断生成可以使其逐渐脱离群体的庇护。资源的生成所产生的影响是个体树立起对自己的行动以及行动后果负责的意识。在这种意识的影响下，个体面临困难时，不再寻找群体的庇佑，而是主动地承担责任，并积极应对。由于是自己承担责任而不是依靠群体的庇护，个体对于群体的依附也必然会不断减弱，依附性也自然而然地日渐消弭。当然，个体脱离群体庇护的过程也可能是一个相对被动的过程，这种情况并不少见。如个体选择了自我的生活方式与行动模式，当面对一些不良后果或代价时，群体往往不愿意为个体负责，并将个体“赶出”群体，不再对其进行庇护。但无论是主动还是被动，个体的依附性在这个过程中都处于不断减弱的状态。

第三，资源的分散性可以为个体形成一个相对完整的保护区域，保证着个体的独立性、自由性、平等性。相对于公共领域，私人领域指的是“私人自治的自由王国”①，它是一个相对封闭、自主的区域，可以使个体“维持其不受公权干预与他人侵害的特殊领域”，因此能够为个体的需要、兴趣、利益乃至自由、独立等提供一个有效的保护空间，保障个体的独立人格。正如哈耶克曾经所做出的断言一样：干预公民私人领域可能会导致通往“奴役之路”②。私域缺失的一个重要原因是，个体缺乏有效的资源用以构筑公私之间的边界，进而难以防止公域对自我的侵蚀。资源的分散性为个体保护自我、防止群体的僭越提供了诸多资源。这使得个体能够调动多方面的力量与资源，从而在公共领域与私人领域之间划分出一道较为明确的界限，推动了私人

① 李晓辉．公域与私域的划分及其内涵[J]．哈尔滨商业大学学报：社会科学版，2003，4．

② 刘磊．发现“我”与认同“我们”——公民诞生视角下的公民教育[J]．教育研究，2016，2．

领域的产生。

总体而言，资源的分散性使得个体更具有自主意识与承担意识。在社会生活中，资源的分散性使得个体在很大程度上走出群体所编织、设定的环境，而真正地面对“自我”，审视并调动自身。在这种情况下，个体发现自己能够根据意愿与现实情况，确定适合自己的生活目标、生活方式以及具体的日常行为等多个方面的内容。而且，这种力量在现实生活中具有较为强大的力量。受到这种形势的影响，个体的自主意识也处于不断成长过程中。与之相应，在自主性生成的同时，个体也会主动或被动地形成承担意识。

二、网络技术的完整性促使个体“有思”意识的产生

网络技术的“整”，主要是指网络技术能够提供较为全面的信息，从而促使个体“有思”意识的产生。了解如何造就个体的“有思”意识，首先要做的是分析个体的“无思”状态是如何产生的。阿伦特（Hannah Arendt）认为，“无思”是指：“没头没脑的鲁莽、无可救药的迷茫，或是自鸣得意地背诵已变得琐碎空洞的真理。”① 根据这一界定，我们可以说，“无思”的意义可延伸为：对于已有的社会存在（尤其是主流社会机构所宣传的价值观念），个体往往处于盲信、盲从、盲目接受的状态，较少加入自己的补充与思考。通过这一描述，可以看出：在社会生活中，信息的片面性与单一性是个体“无思”状态产生的重要原因所在。这是由于：在一元化信息的影响下，个体在相信这些信息的同时，由于缺乏相异信息的刺激，逐渐丧失了批判甚至思考的能力，进而进入一种“无思”状态。正如我国古语中所说的那样：“兼听则明，偏信则暗。”换言之，个体步入“无思”状态，是受到遮蔽知识的影响。一些研究者认为：“这种被遮蔽的知识大体可以分为两类，第一类是奴役知识，第二类是人们在不知不觉中认同体制、

① 汉娜·阿伦特．人的境况[M]．竺乾威，等，译．上海：上海人民出版社，1999：6．

制度的屈从知识。”[①] 这两类知识，可以更形象地表达为“误导人们的知识”以及“如何误导人们的知识”。前者指的是一些片面或虚假的具体知识，后者指的是如何有效组织上述具体知识的知识。

（一）网络传递信息的完整性有效地打破了知识的片面性

长期以来，信息获取的自由都为人所重视，也得到了国家法律的承认与保护。可是在现实生活中，由于信息资源匮乏导致的“信息占有与传播的不对称性及不平等性，从而使信息自由具有更多的理想性”[②]。网络的到来为个体分享知识和观点提供了机会，构筑了场所。网络技术的发展，为个体提供了多种传播信息与搜索信息的渠道。人们利用网络，可以实现自由的信息传播与社会互动，了解各个方面的信息，获取较为全面的知识。例如，新媒体的兴盛与发展，改变了这种信息垄断的局面，博客、微博以及各种社交网站的勃兴使用户只要通过简单的操作程序就能将信息及时共享出来，这极大地拓展了信息的来源，并使信息具有去中心化和发散性的特点。这种共享，使得信息的各个层面都能被展示出来，有效地避免了信息的片面性。

为说明这一状况，莱维（Levy）提出了“集体知识”这一概念。集体知识与共享知识具有一定差异性。所谓共享知识是指那些被认为是真实的、整个群体共同拥有的信息。而“一个思考型社区的知识已经不再是共享知识了，因为现在单个的人甚至一个群体都不可能掌握所有的知识和技能。这种社区所拥有的知识从根本上来讲是集体知识，集体知识是不可能集中在一个人身上的”[③]。由此可见，所谓集体知识，指的是集体成员拥有的所有知识。在社会生活中，“没有人无所不知，但是每个人又

---

① 师曾志，胡泳，等. 新媒介赋权及意义互联网的兴起[M]. 北京：社会科学文献出版社，2014：16.

② 吕本修. 网络道德问题研究[M]. 北京：中国社会科学出版社，2012：5.

③ 亨利・詹金斯. 融合文化：新媒体和旧媒体的冲突地带[M]. 杜永明，译. 北京：商务印书馆，2012：63.

都各有所长，所有知识都寓居于人”①。在这种情况下，每个人都可以向集体分享其所知道的、掌握的知识。也正是源于此，网络上的整个集体形成了超越任何一个个体储备、受到任何一种视角或权力限制的知识库。对于这一知识库，个体可以自由地搜索与运用，由此可以获得较为全面的知识，进而能够从各个角度、各个层面把握具体的事情，走出知识片面性的窠臼。正如一些研究者所总结的那样：网络对信息资源的开放，特别是网络活动中所特有的匿名性、假名性、便捷性，为人们提供了技术和心理保障，使人们摆脱了现实社会对信息自由的客观制约与限制，使人们追求自由的理想可以最大限度地变为现实。②

从“雷锋事件”上，我们可以较为明显地看到这一点。长期以来，我们所接触到的雷锋故事，基本上是雷锋同志“毫不利己，专门利人”“吃苦耐劳，艰苦朴素”的事迹。可是，网络社会到来之后，个体对于雷锋的认识是，他不仅仅是一名吃苦耐劳、舍己为人的革命同志，还是一个“时髦”的小伙子。比如，雷锋是一个人见人爱的小伙子，注重打扮，追求时髦。圆圆脸的雷锋在自己的额头留下了长长的刘海，显得很时尚。另外，雷锋工作单位鞍钢有个总厂俱乐部，雷锋虽然个子不高，但“慢三”“快四”等旋律的舞姿都很标准，很多女青年都愿意和他跳舞。

从这个事例中，我们可以看出：对于雷锋的事迹，网络上所传递的信息远远超过之前宣传材料与教材中所提供的那些。这一现象之所以能够出现，是由于网络技术几乎为每一个想要传递信息的个体提供了机会，使得信息能够在最大程度上实现完整化。正如莱维所说，这样的群体“在某一给定时间能为集体智力活动提供可能的所有相关知识”③。这也为试图了解相关信息的个体提供了相应的渠道，使得个体

---

① 亨利·詹金斯．融合文化：新媒体和旧媒体的冲突地带[M]．杜永明，译．北京：商务印书馆，2012：61-62．

② 吕本修．网络道德问题研究[M]．北京：中国社会科学出版社，2012：5-6．

③ 亨利·詹金斯．融合文化：新媒体和旧媒体的冲突地带[M]．杜永明，译．北京：商务印书馆，2012：62．

能够较为全面地了解雷锋同志。

（二）网络传递信息的通俗化有效打破了知识的专业性

个体对于信息的利用，不仅仅需要掌握信息，还应该理解这些信息。在信息的传递过程中，专业化的传播方式在很大程度上影响着人们对于信息的理解，进而也影响个体对于信息的利用。有研究者将这种方式称为“专家范式”。在信息传递过程中，“专家范式”倾向于按照专业的规则来处理信息，并使用专业词汇等，这无形中创造出了“外部”和“内部”之分。① “‘专家范式’一直以来都在阻碍着普通大众自制意义与自我表达的发展。”② 同时也在阻碍着信息的传播。随着网络社会的到来，网络技术的信息传递方式渐渐脱离“专家范式”。这是由两个方面推动形成的：一方面，网络技术的发展使得信息日益丰富，并在很大程度上造成了信息的冗余。在这种情况下，能否引起大众的注意、能否被大众所接受和认可，对于信息而言至关重要。另一方面，为了获得大众的认可，信息传递者往往会放下端着的架子，将那些艰深晦涩的知识简单化、生动化，以进行有效的传播。如果说信息冗余对信息的通俗化表达提出强烈诉求，那么，传播形式的多样化则为信息传递通俗化提供了技术基础。在网络社会中，网络技术开发出多种信息传递方式。除原有的文字传播之外，网络技术还可以借助音频、视频等多种方式对信息进行传播。在声音、图片、视频等多种方式的作用下，信息传递往往较为平易近人、为人所接受。一些研究者在评价美国大选的信息传递者时说：“他们的目标是为了让这些思想观念尽可能地广泛传播。为了实现这一目标，他们努力制作出生动、容易记忆和能够召唤人们的画面。”③ 例如，有关如何统治大众的

---

① 亨利·詹金斯．融合文化：新媒体和旧媒体的冲突地带[M]．杜永明，译．北京：商务印书馆，2012：99–100．

② 约翰·哈特利．数字时代的文化[M]．李士林，黄晓波，译．杭州：浙江大学出版社，2014：115．

③ 亨利·詹金斯．融合文化：新媒体和旧媒体的冲突地带[M]．杜永明，译．北京：商务印书馆，2012：306．

知识，在长期的历史发展过程中，往往因为词语、表述的关系而仅仅为一小部分人所掌握。但是在网络社会中，相关传递者会对这些知识进行处理，以迎合大众的各种需求。在这种情况下，有关如何统治大众的知识，也被不断地传递到普通人手里。由此，个体对于有关奴役的知识也有着较为清晰的了解与理解。

伴随着信息传播全面性与通俗化而来的是个体相应素质方面的提升。众所周知，知识的学习是个体素质的重要组成部分。在接触、获得知识之后，个体能够拓展其视野，并在思考、运用知识的过程中提升其特定方面的能力。例如，个体在了解到有关统治、奴役的知识之后，会逐渐思考如何反对控制与奴役，并在这个基础上发展出反思、批判精神与抵抗统治和奴役的能力、素质。知识传递通俗化所发挥的作用，在某种程度上类似于科学知识在个体生活中的作用与意义。“更通俗地说，科学逐渐形成并发展了向传统信念质询和挑战的知识氛围，与此相伴随，在以前往往不接受批判反思的领域中，科学采纳了根据可靠的观察资料，以及对关于事实问题和方针问题的可能假定进行评价的逻辑方法。”①

① 欧内斯特·内格尔. 科学的结构[M]. 徐向东，译. 上海：上海译文出版社，2002：1.

第二节
网络技术的“传”与“连”：“我”有声音

在功能与作用上，网络技术具有传播与连接两种重要的功能。在这两种功能的作用下，“我”不仅能将自己的声音表达出来，还会在一定程度上吸引社会的关注，对诸种社会规范（或来自传统，或来自国家权力机关）造成一定的压力，进而推动改革。

一、网络技术的传播功能：“我”能发出声音

如同其他媒介一样，计算机具有传播信息的重要功能。与其他媒介技术不一样的是，网络技术不仅仅是特定群体或者个体的传播工具，同时也是普通大众传播信息的重要工具。换言之，网络技术的出现，使得“我”能发出声音。在网络的具体传播与设置过程中，“我”的声音不仅能发出，还能为他人甚至众多他人所听到。

（一）网络技术的大众性：“我”发出声音的机会

从基本功能上看，几乎任何一种媒介都具有传播信息的作用。可是，由于媒介开放性程度的差异，信息传播主体与人群就表现出一定的不同。诸如报纸、收音机、电视机等传播媒介，由于信息的编织、传递等过程要求信息传播主题有较高的专业知识与技能，同时信息传播所依赖的资源较为稀缺，因而，这些媒介相对较为封闭，只能被掌握在特定群体手中。在这种情况下，普通个体往往因缺少发声的机会而被忽视或者压制。网络技术的发展，简化了个体发声所需要的条件与资源，极大地改变了个体声音被湮没的情形。

第一，网络技术的发展使得发声起点大众化，这为大众的发声提供了基本的前提。所谓发声起点，指的是大众发声的重要开端所

在。与网络技术相比，之前的各种媒介是一种接收终端，即个体通过报纸、收音机、电视机等载体接收信息，却无法传递信息。信息的传递需要另外一套工具与设备。作为信息传播的大众媒体，其建立需要大量的资本与技术等。在现实生活中，媒体机构的运行符合规模经济模型。所谓媒体的规模经济，是指媒体在一定科技水平下，随着生产能力的扩大而出现长期平均成本下降和利润上升的趋势。如果不能达到一定规模，媒体就难以得到良好的运转。[①] 在这种情况下，由于资金、技术等方面的要求，这些工具、设备无法为大众所拥有，普通公众运用大众媒体发声的难度较大。但网络技术却与之不同，对于大众而言，计算机不仅仅是一个接收终端，其还是一个发射终端。如前所述，当前个体拥有一个计算机的成本较低，加上目前的平板电脑、手机均可以作为一个发射终端。因此，个体可以借助任何一种工具，传递其想法与观点。由此可以看出，发声起点的大众化，使得个体具有了一种传递其声音的可能。对于传统媒体与现代网络之间的差异，可以这样说，与现代网络相比，传统媒体运行模式的最大特点是单向性与异步性。信息提供者单向地设计、采取、制作并提供信息，在这一过程中，信息接受者很少参与，更多的是被动地接收。网络技术则不同，通过网络技术，个体不仅能够接收知识，还能够发布知识。简言之，网络技术既是一个接收的终端，也是一个发布的终端。

第二，网络技术的发展使得发声渠道日益多元化，这为个体发出声音提供了诸多便利。网络技术的出现，建构了一个宽广的公共平台。这一公共平台，是日常生活中公告牌的另外一种存在形式。有研究者形容其为“电子公地”[②]，如 BBS、贴吧等。在网络技术所构筑的公共平台中，个体能够如同使用日常生活中的电子公告牌一样，使用这一技术平台，发表自己的看法与想法，供他人进行阅读与讨论。一

① 方玲玲．新媒体与社会变迁[M]．上海：复旦大学出版社，2014：121–122.

② 胡泳．网络政治：当代中国社会与传媒的行动选择[M]．北京：国家行政学院出版社，2014：82–83.

些研究者对于“电子公地”这样评论道：“它的进入门槛低，任何人都可以免费注册参与，参与者不必花时间和精力像维护博客一样创造个人声誉，但却有可能达到广大的受众。”[①] 此外，网络技术还构筑了多种其他类型的发声渠道，如电子邮件、博客、微博、微信等。在即时性、方便性等特征的影响下，上述渠道“成为公众表达利益诉求或发泄情绪的主要渠道”[②]。借助这些渠道，个体可以将自己的想法、观点等发表在网络上，为别人知晓自己的想法奠定基础。这种渠道，表面上看起来是一种自言自语路径，在某些特定的情况下，却能成为推动一些观点走向社会的重要通道。

第三，网络技术的发展增多了个体发声的形式，由此促进了个体的发声。按照主体及具体发声方式的不同，个体发声形式的多样化主要表现在两个方面。一是在发声主体方面。随着发声主体的大众化，对于社会事件报道的权利，不再仅仅局限在诸如记者等传统社会角色中，而是泛化到社会中的每个个体。每个人都可以借助于手中的发射终端，将自己所看到的、听到的信息与事件进行发布。可以说，在这个网络成为新兴媒介的社会，“人人皆记者”[③]。这意味着：对于社会事件，个体均具有报道，并使其进入公众视野的可能性。二是具体发声方式不同，在传统媒体时代，个体的发声主要借助文字、图片等载体，但是在网络时代，个体不仅可以借助上述两种方式，还可以借助视频、语音等形式，将自己的观点与想法进行传递。这种发声方式的多样化，对于个体的文化素质、表达与组织能力有着较低的要求，能提供多种形式，供个体传递声音所使用，因而个体能够较为轻易地传递个人的思想观点。

此外，发声渠道与形式的多样化还在很大程度上增加了检查的难

① 胡泳．网络政治：当代中国社会与传媒的行动选择[M]．北京：国家行政学院出版社，2014：82-83．

② 许敏．基于协商民主的网络群体性事件治理研究[M]．上海：上海交通大学出版社，2015：83．

③ 约翰·哈特利．数字时代的文化[M]．李士林，黄晓波，译．杭州：浙江大学出版社，2014：135．

度，因而有助于个体声音不断走向社会。在传统媒体时代，由于渠道、方式较为单一，相关权力主体可以通过较为简单的方式检查各种声音，并将一些不符合其价值观念的声音予以删除。可是在网络时代，由于语言、图画甚至变体的语言都成为发声的重要工具，相关权力主体很难面面俱到地检查每一种工具、每一种声音，从而降低了其删除声音的可能性，进而增大了声音走向社会的概率。

（二）议程设置主体的多元化："我"的声音能走向社会

个体的声音之所以能够发出，一方面取决于网络技术所具有的大众传播功能，另一方面则有赖于议程设置主体的大众化。如果说前者允许个体将声音放置到公共空间，为其走向社会奠定了基础，那么，议程设置主体的大众化则是真正地将个体的声音推向大众，使其走向社会。

议程设置是大众传播媒介的重要功能之一。麦库姆斯（Mccombs, Maxwell E.）认为大众传播具有一种形成社会"议事日程"的功能，传播媒介以赋予各种议题不同程度"显著性"的方式，影响着公众瞩目的焦点和他们对社会环境的认知。此即为大众传播媒介的议程设置功能。普通大众在日常生活中所接触的信息、案例实际上是经过一定筛选的。因此，大众所接触的一般是一种二手现实，这种现实进而形塑着我们对于世界的认知以及相应的价值观念。在不同的媒介环境下，议程设置者的主体及数量存在着一定的差异。例如，在报纸或电视这种传播媒介下，编辑与新闻主管是主要的议程设置者，普通大众所接触的信息，基本上是由这类群体所确定的。对于媒介的议程设置，一些研究者这样表述道："新闻每天告诉我们大环境中那些我们无法直接经历的事件与变化。但是报纸与电视新闻，甚至那些编排紧凑的小报或者互联网站所做的事情，远远超过了传达重大事件与议题的范围。通过日复一日的新闻筛选与编排，编辑与新闻主管影响我们对当前什么是最重要的事件的认识。这种影响各种话题在公众议程上的显要性的能力被称作新闻媒介的议程设置作用。”① 在这种情况下，何种信息、事件能够进入公众的视野，并成为公众关注、思考甚至采取行动的重点，基本上是由这些议程设置的主体确定的。

多元议程设置主体的产生，与他们对于传播渠道的掌握有着密切的联系。关于议程设置的主体都包括哪些力量，研究者一般认为记者、编辑等均为议程设置的主体。其中，休梅克和瑞思（Shoemaker,P.J.& Reese,S.D.）认为，意识形态是影响媒介内容最宏观的层次，它具有向其他各个层次渗透的能力。② 之所以如此，是由于意识形态的宣传者掌握着媒介，决定着媒介的生存与发展。在网络社会出现之前，媒介往往由特定群体所掌握，因此议程设置者也是由这些力量所决定的，其同质性程度也就相应较高。随着网络技术的出现以及传播起点、渠道等多元化，议程设置的主体多元性程度也就不断增大。一些研究者指出：在大众传播中，“议程设置”是通过媒体“把关人”来实现的。由于网络的人际化传播采用的是点对点的直接传播方式，造成了网络“把关人”的缺失。在网络社会中，媒介不再掌握在特定主体手中，每个个体都成为信息的发布者。因此，个体只要能够有足够的影响力，就能对信息进行筛选，并左右大众的视野与关注点。有研究者以微博为例做了一个形象的比喻：微博粉丝超过 100 人，就好比一本内刊，超过 10 万人，就是一份都市报，超过 100 万人，就是一份全国性报纸。③ 个体对群众的影响力，并非完全源于制度设置或者特定的工作岗位要求，而是依赖于多种因素。“那些拥有互联网技术特长者、在某一领域具备专长者，甚至是在某一特殊机缘下的新闻时事的第一报道者，都可能成为长期占据话语权的意

① 马克斯韦尔·麦库姆斯. 议程设置：大众媒介与舆论[M]. 郭镇之，等，译. 北京：北京大学出版社，2008：1-2.

② 李本乾. 中国大众传媒议程设置功能研究[M]. 兰州：甘肃人民出版社，2002：24.

③ 谢新洲，安静，田丽. 社会动员的新力量：关于微博舆论传播的调查与思考[N]. 光明日报，2013-01-29（15）.

见领袖。”[①] 例如，网络意见领袖就是依靠其对具体事件之社会意蕴的挖掘能力、信息编撰能力等因素，成为活跃在互联网上的“意见和观点提供者”，在一定程度上替代了“把关人”的角色，实现了网络信息的“议程设置”。[②] 明星则是通过影视、娱乐节目树立了影响力，拥有众多粉丝，进而也就成为议程设置的主体之一。

这些议程设置者，是原有的议程设置主体之外的人物，是一类新兴的议程设置主体。通过上面的描述，我们可以看出：在网络社会中，能够影响信息发布与进入公众视野的主体，并不仅仅限于新闻工作者，还包括众多的网络意见领袖。这些议程设置的主体，并不一定甚至基本上并未拥有统一的思想价值观念与立场，由此，议程设置主体也就日益多元化。议程设置主体的多元化，在很大程度上摆脱了信息被束缚的现状。普通大众的声音，可以被众多议程设置者所意识到，并由此走进公众的视野。这使得某些特定的声音真正为社会所关注。换言之，在传统媒介所主导的社会里，由于议程设置者地位、资源不具优势等情况下所有意无意忽视的声音，在网络社会中，具有了被随时发现的可能性。正是在这种情况下，个体声音的发出不仅仅是形式上的，更是实质上的。对于此，有研究者这样总结道：新媒体的兴盛与发展，对传统媒体话语垄断构成了巨大的挑战，修正了“把关人”理论。在“新媒体”时代下，信息传播者与受众之间高度互动，传统媒体时期“把关人”建起的围墙被信息的开放、多元、海量等传播行为所冲破，造成“信息把关”形同虚设，功能逐渐弱化。甚至从某种意义上说，每个用户都是“自媒体”的“把关人”：按照个人好恶来取舍信息和发布信息，把少数人的“精英信息”变成大众的“草根信息”，实现了信息接收与发布的统一。[③]

---

① 付宏．基于社会化媒体的公民政治参与[M]．北京：国家行政学院出版社，2014：31.

② 许敏．基于协商民主的网络群体性事件治理研究[M]．上海：上海交通大学出版社，2015：86.

③ 方玲玲．新媒体与社会变迁[M]．上海：复旦大学出版社，2014：105-106.

二、网络技术的连接性："我"的声音有力量

在现实社会中，网络技术使得个体的声音不仅仅得以发出，还能使个体的声音具有力量，使之成为与社会主导声音相抗衡的一支力量，进而使得主体的意见能够渗透到社会主流意见中，并成为社会主流意见的重要构成部分。

（一）声音的"连接"：舆论能够形成

通常来讲，舆论是指大众的意见与观点。对于社会发展而言，舆论有着重要的作用，它能在一定程度上对社会传统观念形成一种压力，进而推动社会概念的转变与进一步发展。与之前的社会类型相比，网络社会中舆论更容易形成，而且其规模、力量更大。之所以如此，在很大程度上是以下三个因素导致的。

第一，网络所构筑的平台为互动留下了空间。网络所形成的各种传播渠道，不仅能够为个体传播相关信息提供途径，同时也为其他人的评论留下充足的空间。例如，在网络所形成的各种公共平台上，个体可以根据自己的需要、兴趣以及利益等方面，在相关的言论下进行评论。在一些个性化的传播渠道上，同样如此。如微博、微信等具有评论功能，个体可以在别人的发言、转发下进行各种评论。而且，上述各种评论基本上能为他人所见。这种可以为他人所看见的各种评论，为个体之间的互动提供了充分的机会与舞台。在这一舞台上，个体可以进行充分的互动。这一方面促进了个体对于事件的了解，另一方面则激发起大众对于具体事件的舆论氛围。正如一些研究者所指出的那样：参与讨论的人可以主动、平等地进行交流，可以自主选择感兴趣的话题与他人进行交流，也可以把自己的意见贴在公告板中，供他人评论。正是具有"一呼百应"的特质，网络论坛成为当前网络群体性事件的主要栖息地。①

第二，网络技术可以更加快捷地传播信息，这进一步扩展了舆论的范围。网络技术不仅允许个体之间进行相互的交流，促进个体的认

---

① 许敏．基于协商民主的网络群体性事件治理研究[M]．上海：上海交通大学出版社，2015：83．

知与发表见解，还允许个体转发，这无疑扩展了舆论的范围。一般情况下，各种网络软件都具有转发功能，如微博、微信上的转发设置，而且不同软件上所传递的新闻，也能够进行转发，如论坛上的新闻可以转发到微博上。在这种情况下，网络意见领袖能够传递相关新闻，促进新闻为一般大众所知晓。与此同时，个体也就成为新闻传递的一个中间环节，且促进新闻传播的愈益广泛化。这种信息传播的层级模式，促进了大众对于信息的了解与关注。这种影响不仅仅限于网络所构筑的虚拟社会之中，还对整个社会产生影响。具体言之，它通过无限传播一些信息，引起整个社会大众对于具体事件的关注，进而形成一股强烈的舆论氛围。在特定的时候，“在意见领袖的引导下，网民群体被‘极化’，持续以‘发帖、灌水、加精、置顶、跟帖、回帖和点击看帖’等行为，实现广泛的网络行动动员”[①]。

第三，网络技术与传统媒体相连接，扩展了信息的受众群体，并进一步激发相应的舆论氛围。“议题融合”是解释这一现象的重要概念。“议题融合论的出发点是社会大众，这是一个社会传播过程。其中，团体议题和媒介议题、受众议题一道共同构成了公共议题。”[②]网络技术对于信息的传递，并非一个简单的传播过程。在这一过程中，被传递的信息会引起多种传统媒体的关注，并展开积极的报道。多种传统媒体的加入，使得特定的新闻逐渐成为社会中的公共议题，能够更有效地引起社会的关注。换言之，传统媒体的加入，使得相关信息被传递到更为广泛的群体之中，扩大着舆论的范围。网络技术“与传统媒介相互助推，形成共鸣，同时话题更加集约，从而使其影响力、波及面进一步扩大”[③]。

在以上三个方面的影响下，不同个体的声音被有效地连接起来，构成影响社会的舆论氛围。可以说，从网络成为信息集散地和舆论

---

① 许敏．基于协商民主的网络群体性事件治理研究[M]．上海：上海交通大学出版社，2015：81.

② 蔡文之．网络传播革命：权力与规制[M]．上海：上海人民出版社，2011：78.

③ 钟瑛．网络传播管理研究[M]．北京：中国社会科学出版社，2014：402.

场，到网络既是公共领域又是舆论本身，表明互联网的政治性功能随着传播技术的升级和革命的深入也在不断放大并成熟。这种泛在的、能动的、无时无处不在的舆论，以及使舆论变成行动的力量把网络媒体变成一种全新的独具特色的社会力量。①

（二）声音与行动的“连接”：现实行动可以出现

网络技术的发展不仅具有造就舆论的功能，它还具有促成行动的具体作用。一般情况下，“行动是公共领域的存在方式，它以建立在生命情感上的共通感为基础”②。依照行动的对抗性程度差异，行动主要包括两种：一种是接受网上所传递的各种思想观点，并表现出相应的行为方式；二是为捍卫网络上所传递的各种观点，而展现出各种抵抗行为，以使社会主流意见吸纳自己的想法与看法。前一种行为，主要是个体受到思想观念以及相应行为方式等的示范，逐渐发展出相应的行为方式，并在青少年群体中发展出一套文化体系，成为一种文化现象，进而在社会中成为一种趋势。后一种行为，则表现为一种具体的抗争行为。一些研究者这样说道：经事件意义的建构和愤怒情绪的互相渲染，“我们与他们的边界变得更加显著”③。

上述行动的出现，与网络在社会动员方面的作用密切相关。对于社会而言，普通大众是构成社会的重要根基。一般情况下，普通大众能够通过数量与规模所形成的力量来对整个社会产生影响，左右具体事件的进展甚至整个社会的发展。因此，在长期的历史发展过程中，权力的主要掌握者——统治阶级都较为重视大众的力量。他们宣称尊重民意，这在某种程度上反映出，他们意识到权力的主体不限于统治阶级，还包括一些社会团体与个体。为实现某种目标，社会团体或个体往往会发动大众，形成一种由具体行动而产生的流动性权力，打破

① 蔡文之．网络传播革命：权力与规制[M]．上海：上海人民出版社，2011：19–20．

② 师曾志，金锦萍．新媒介赋权：国家与社会的协同演进[M]．北京：社会科学文献出版社，2013：93．

③ 查尔斯·蒂利．集体暴力的政治[M]．谢岳，译．上海：上海世纪出版集团，2006：20．

通往目标路途上的各种障碍。在网络社会出现之前，大众的动员、组织、聚集是一件耗时耗力的事情，自然而然地，其出现的频率与成功的可能性也就较低。在这种情况下，流动性权力难以茁壮成长。例如，通过群众游行集中群众的力量与影响，是一些社会团体或个人用之以生产移动性权力、实现特定期待与诉求的一种手段。为促使一次群众游行的成功，游行组织者需要掌握相对丰富的资源，满足游行所可能产生的各种需要与耗费。同时，游行的成功还需要参与者在基本相同的时间出现在特定场合，这对于游行组织者也是一个巨大的挑战。由此可见，组织一次群众游行并保证游行的成功，是一件相对而言较为困难的事情。

在网络社会中，网络技术的有力集聚功能在很大程度上降低了动员、组织并充分集中大众力量的难度。一方面，网络技术的大众占有性使得集聚大众所需要的资源零散化。在网络社会中，网络技术成为集聚大众的重要手段与资源。个体只要将大众所关心的或能够引起大众共鸣的信息以适宜的方式通过网络进行发布，就能在很大程度上引起大众的关注。此时，大众可以通过网络技术表达想法与支持观点等，进而形成一股强大的力量。由此也可以看出，在这个过程中，网络技术发挥着巨大的作用。由于网络技术的大众占有性，动员者、组织者无须拥有大量资源，所需要的基本上就是一台连接网络、能够发布与回应信息的计算机。其他的资源，则被各个网络技术使用者所分担了。这极大地降低了传播成本，实现了“多对多”的传播模式（与传统媒体的“一对多”模式相对照），便利了新型的合作生产模式，放大了开放式参与模式并且增强了互动性。[①] 另一方面，网络技术造就的延时互动性大大降低了大众集聚的时间要求。在同一时间聚集起来，是网络社会到来之前大众形成力量的重要条件。这是由于，只有在同一时间、同一地点，大众才能产生有效的互动。但是，在网络社

① 多米尼克·卡尔顿，法比安·格朗荣. 媒介行动主义者[M]. 许铁兵，徐海燕，刘格非，译. 北京：社会科学文献出版社，2015：66.

会中，大众互动对于时间的要求大大降低了。网络技术对于信息具有留存与传递的功能，这使得其产生了延时互动。即，对于具体事件而言，个体能够通过网络技术查阅他人的想法、发表自己的意见，并由此产生互动。这些互动，并不要求互动双方能够同时在线。如，个体可以通过不断留言的方式进行互动。在这些互动的作用下，网络上的各种观点能够有效激发个体的共鸣与情感，在个体之间建立意义的连接。受到观点的不断刺激以及情感的促进，个体与个体之间逐渐建立了一种“想象的共同体”，由于对于这种共同体有着非常深切的感情与投入，当网络动员个体走到线下、做出相关举动的时候，个体往往能够听从内心的安排与群体的召唤，发展出相关的行动，进而汇聚成一种巨大的影响力量。在这两种情况的相互作用下，大众更容易聚集，也就更容易形成力量。正如一些研究者所总结的那样：“普通大众或网民通过关注、转发、评论、质疑等方式连接成一张巨大的舆论网络，并以此吸引传统媒体的关注，引起政府的重视，从而从象征层面过渡到实践层面推动事件的思考与解决。[①] 普通大众或网民的力量，既不是来源于地位、权势和资源，也不是来自语义内容和暴力，而是来源于其群体性的数量和规模及其所连接成的关系。”[②]

需要说明的是，以上两种现象并非总是同时出现的，无论任何一种力量，都能对既有的价值观念形成压力，进而在一定程度上改变既有的观点。正是在这些因素的作用下，“我”的声音不仅能够出现，

---

① 相关的社会事件可以佐证这种力量与行动。例如：2009年的李昌奎案。2009年，李昌奎故意杀人，且证据清晰。2011年3月，云南省高级人民法院做出终审判决，判处李昌奎死刑缓期两年执行。2011年7月，“免死”判决上网后，舆论哗然。很多知名人士对云南省高级人民法院的判决和回应表示强烈不满，纷纷在网上发表评论。诸多网民也进行讨论、发表相关的看法及意见。2011年7月16日，云南省高级人民法院向李昌奎案件被害人家属送达了对李昌奎案的《再审决定书》，承认对被告人李昌奎的量刑偏轻，决定另行组成合议庭再审。2011年8月22日，云南省高级人民法院在昭通市开庭，对李昌奎案件进行判决，改判死刑，剥夺政治权利终身，并报最高人民法院核准。以上内容整理自：刘少杰. 网络社会的结构变迁与演化趋势[M]. 北京：中国人民大学出版社，2019：56–62.

② 李红. 网络公共事件：符号、对话与社会认同[M]. 北京：中国社会科学文献出版社，2015：82.

有时还会非常具有力量，能够影响到社会的进程。这两种力量所产生的影响，正如一位研究者所描述的那样："社会群体将充分发挥网络表达的'社会动员'和'群体极化'功能，吸引潜在利益群体的高度关注，汇聚形成滔滔不绝的民意浪潮，从而迫使政府紧急介入与高调解决。"① 对于整个社会，这两种力量也能产生同样的影响。

① 许敏．基于协商民主的网络群体性事件治理研究[M]．上海：上海交通大学出版社，2015：81-82．

第三节
推介：“自嵌”方式的一种表现

在上述多方面因素的影响下，网络社会中的青少年并非简单地认同既有的社会规范，而是对社会中关乎自身的社会规范进行一定的建构。按照一般路径，青少年对社会规范认同的建构主要可以分为三个步骤：赋意、论证和社会推介。通过这三个步骤，青少年将自己的想法嵌入规范之中，进而将规范嵌入整个社会中。在此基础上，青少年实现其社会规范认同。需要注意的是，这三个步骤并不具有严格的顺序，也并非总是出现在青少年的每一次社会规范认同建构之中，它并不能为青少年建构社会规范认同提供普遍的脚本。只不过，这种划分有助于本研究说明网络社会中青少年对于社会规范认同的具体建构。

一、赋意：青少年对社会规范内涵与形式的更新

青少年对于社会规范的更新，是以他们的“有思”意识作为基础的。在对社会规范进行反思甚至批判之后，青少年根据时代特征与个体情况对社会规范赋予新的意义，实现社会规范的更新。更新这一步骤，实质上是青少年将自己的诉求嵌入社会规范的过程。

（一）有思：青少年对社会规范的反思与评价

在认同具体的社会规范之前，在网络社会中成长起来的青少年具有明显的批判反思意识。在网络社会到来之前，个体在有些情况下并未认识到其行动的依据——社会规范是否合理，因而也就谈不上反思与评价。即使个体意识到支撑自己行为的社会规范体系存在不合理之处，但由于传统力量的强大性和整个社会的封闭性，那些社会规范“对于大多数普通人而言，只能被动地接受，其意义和价值不需要也

不可能去追问和质疑”[①]。可是，在网络社会中，情况则完全不一样。网络社会的发展，使得个体逐渐具备了反思的意识与能力。受到网络所传递的各种信息（知识、具体的事件等）与网络互动的影响，青少年逐渐意识到或了解到当前社会规范存在的各种不足之处。这些不足之处产生的原因，青少年同样有所了解，并在很大程度上能够对他们的心灵产生冲击与影响，给予其深刻的记忆。由于长期受到相关信息的浸染，相较于之前的“简单接受”模式，青少年对社会规范的“不轻易接受”已逐渐成为普遍现象。表现在现实生活中，是网络社会中的青少年总是习惯于对既有的、需要遵守的社会规范问个“为什么”。如，社会规范是否符合时代的要求，社会规范是否符合个人的具体情境，社会规范是由谁制定的等诸多问题。这种对于社会规范的种种追问与探询，实质上是对于社会规范背后的既定观念、文化、权威、权力关系等方面进行思考与解构，对既有的社会规范表现出质疑。由此可以看出，网络社会中的青少年对于社会规范具有明显的批判反思意识。

在对社会规范进行批判与反思之后，青少年一般会根据自身情况，为社会规范赋予新意，更新现有的社会规范。这种情况源于以下两个方面的因素：第一，当面临着行为与社会规范的冲突时，个体并不是简单地屈从于社会规范的要求，也不是完全放弃社会规范，随意而行。为了给自己的行为方式找到特定的依据，他们必然需要一套行为方式，这对其更新社会规范提出了客观要求。第二，从主观上讲，网络技术使得青少年具有一定的独立性，并且能够思考自我、社会等方面，这使得他们能够思考社会规范，并依据自己的观点对社会规范进行一定的更改。此外，网络技术还为个体更新社会规范提供了诸多的资源，由此，在网络社会中生活的个体更倾向于使用赋予特定行为新性质、新含义的方式来更新既有的社会规范。

① 伍庆. 消费社会与消费认同[M]. 北京：社会科学文献出版社，2009：29.

（二）非法化与合法化：青少年更新社会规范的两种方式

在制度的世界中，合法化（legitimation）是一种解释与证明制度何以如此的方式。它一般“通过赋予制度秩序实际的强制性及一种规范的尊严，来为制度秩序的合理性进行辩护”①。由此可以看出，合法化机制实质上是通过给予社会规范尊严的方式来论证其合理性的。同样地，人们也可以通过否定特定社会规范尊严的方式来瓦解特定的规范。在网络社会中，青少年对于社会规范的更新，主要是借助于这种合法化机制的基本精神与理念。

一种是非法化方式。在对社会规范进行更新时，非法化方式指的是青少年否定特定社会规范中某些构成部分的合理性，进而实现社会规范的更新。如果进行细致的划分，几乎任何一种特定的社会规范都可以划分成数种具体的范畴。对于其中的有些范畴，青少年会通过各种方式瓦解其合理性，并对其进行剔除，保留下那些较为合理的规范，从而更新社会规范。例如，有关“孝道”方面规范的转变就是一个例子。对于“孝道”观念的改变，周晓虹这样总结道：“孝道”的内容十分宽泛，它几乎涉及亲子关系乃至代际关系的方方面面，起码包括“事亲”“尊亲”“顺亲”三个方面。研究发现，现代中国人对“事亲”的接受程度依旧较高，“尊亲”次之，而“顺亲”受到的挑战最甚。换言之，在孝道的传承上，人们普遍开始感到“孝”易，“顺”难。②对于“顺亲”的相关要求，青少年往往会使用诸如“顺亲”的行为理念与规范不适合当前社会的发展这种理由，否定其存在的价值与意义，进而实现“孝道”相关规范的更新。由此也可以看出，非法化方式在社会规范更新中的应用。

另外一种方式则是合法化的方式。这种方式是指青少年通过肯定某些行为的价值与意义，进而给予其一定生存空间。这种方式往往是

---

① 彼得·伯格，托马斯·卢克曼．现实的社会建构[M]．汪涌，译．北京：北京大学出版社，2009：77．

② 周晓虹．文化反哺：变迁社会中的代际革命[M]．北京：商务印书馆，2015：337–338．

通过改变人们对于特定行为的刻板印象实现的。在社会生活中，对于某些特定的行为，人们往往秉持一种否定的看法，进而发展出与之相应的社会规范体系。在更新这种规范体系的时候，首要的任务是改变人们对于相关行为的认识。与“婚前性行为”有关的社会规范就是一个典型的例子。在20世纪八九十年代之前，未婚男女发生性关系基本上是难以得到社会认可的，会被贴上“耍流氓”“不检点”“生活作风有问题”等多种标签。这些标签，无形中充当着当时社会规范的助手，通过“污名化”的形式谴责或防止某些个体发出此类行为。随着社会的发展，婚前性行为被赋予较为适宜的含义，进而改变了有关婚前性行为的社会规范。

总体看来，网络社会中青少年的社会规范认同，是经过青少年的批判反思及更新的。由青少年决定是否赞同并归属于某些社会规范。因此，按霍尔的观点来看，后现代认同政治主要的焦点在此就会变成：如何借由论述有效地将主体本身“缝合”进所谓的“主体位置”？网络社会中青少年的社会规范认同同样是一个“缝合”的过程。之所以使用“缝合”这个词语，与个体的评价、反思、更新行为是密不可分的。上述行为的存在，在一定程度上造成了个体与社会规范之间的裂痕，恰恰是这种裂痕的存在，可以让个体更好地思考、改变既有的社会规范，并决定是否以及如何将自己“缝合”到特定的位置中去。

二、论证：青少年对认同之社会规范合法性的辩护

论证是传统逻辑学同时是非形式逻辑的重要研究内容，在不同的学科与研究者那里，论证的内涵也就有所差异。在传统逻辑学的观念中，论证是“用已知为真的判断来确定某一判断的真实性或虚假性的思维过程”[①]。这一观念强调的是论证需要符合逻辑推理的基本原则。与传统逻辑学相比，非形式逻辑则在一个较为宏观的视野中界定论证。论证可以分为三个方面：逻辑的、辩证的与修辞的。逻辑的方

① 杨树森. 普通逻辑学（修订第三版）[M]. 合肥：安徽大学出版社，2005：309.

面主要看论证是否合乎逻辑规范，是否在逻辑的意义上有效；辩证的方面是看论证是否考虑到问题的所有方面，是否对这些方面做了公正的、批判的和综合的考察；修辞的方面则是看论证的构造是否能有效说服它的特定的对象。[①] 谷振诣持有类似的观点。在他看来，既然"论证是人们就给定的一个主题，用以理解和辨识不同的看法和帮助他们确定争议所在的一个交往过程"[②]，那么论证必然需要关注逻辑工具的运用、关注商议与对话的过程、关注说服力与接受力三个部分。[③] 由此也可以看出，这种论证的界定不仅关注到逻辑性，还关注到论证的综合性与交流性。考虑到个体的社会规范认同是一个现实性、沟通性极强的议题，本研究主要从宏观的视野出发，分析青少年论证认同合法性的必要性与具体方式。

（一）自我论证：网络社会中青少年社会规范认同的必要步骤

在个体的社会规范认同中，"论证"在传统社会中之所以未受到重视，而在网络社会中得以凸显，与社会规范认同所需支持力量的变化密切相关。在传统社会中，由于社会规范及其支持力量的既定性，社会规范与支持力量之间的连接是约定俗成的。即，当个体认同某一社会规范时，他按照历史传统或者风俗习惯选择相应的支持力量即可。对于个体而言，这种支持力量既是有用的又是有力的。这种情况的存在主要得益于"约定俗成"。换言之，在长期的历史发展过程中，特定的社会规范与支持力量之间已经建立了密切的联系。在社会成员看来，这种联系是近乎天然的。只要整个社会结构与社会规范体系不发生太大的变化，那么，这种联系一直保持着自然而又牢固的状态。在这种情况下，个体依循着历史的路径进行选择即可。在个体的认同过程中，此种联系及路径还为个体说服他人提供了便利性。即，当个体因认同某种社会规范而受到别人的质疑时，个体只需依照既有

① 董毓．批判性思维原理和方法[M]．北京：高等教育出版社，2010：35．

② 谷振诣．批判性思维辨析[J]．哲学研究，2003增刊．

③ 谷振诣．批判性思维辨析[J]．哲学研究，2003增刊．

的联系，提供相应的支持力量即可。可以说，社会规范与支持力量之间已有的联系为个体的自我辩护提供了一个非常固定的模型。进一步而言，这种坚固的联系还为个体之间的对话与交流提供了平台，进而维持着整个社会的稳定与良好发展。在传统社会中，虽然个体的社会规范认同基本上是既定的，但不可避免地会有异议甚至冲突发生。此时，在强行压制之外，对话与沟通也就成为重要的解决方式。社会规范与支持力量之间的联系有着强大的力量，在整个社会中具有重要影响，因此，它们也就能够得到各方的认可与接受。这在无形中为个体的对话与沟通设置了一个良好的文化框架。可以说，这种文化框架虽然有时甚至大多时候是基于经验的、迷信的，在现在看来较为粗糙，可是在传统社会中，它确确实实成为各方对话与交流的平台。也正是这种对话与交流的存在，缓解了多种社会矛盾，增强了个体进行社会规范认同的作用，对整个社会的平稳发展有所助益。

网络社会到来之后，上述局面发生了重大的改变。无论个体还是社会，二者都无法容忍经验性、盲目性的联系，而对个体社会规范认同中的“论证”提出了强烈的诉求。具体而言，网络社会的到来，使得历史上社会规范与支持力量建立的牢固联系，由于社会规范与支持力量的同时增多而变得日益微弱甚至已然瓦解。对于个体的社会规范认同而言，这一情形所产生的后果是个体认同的坚实性与真实性受到影响。个体的社会规范认同如同社会规范一样，是在各种权力的博弈中形成及存在的。如果个体在进行社会规范认同时，缺乏诸多认同资源所提供的支持力量，那么，个体的社会规范认同也就失去了牢固的根基。具体言之，在社会规范如此多元的情况下，个体在认同社会规范时，如果缺乏支持力量，他就无法为自己所认同的社会规范进行辩护，更谈不上捍卫了。如此，个体会由于社会规范一直处于虚无缥缈之中而难以确认自己的认同。可以说，这种情况下个体所产生的认同是一种盲目的、随机的、零散的、一击即破的认同。为了避免出现这种情况，个体必须为自己所认同的规范找到合适、有效的支持力量。

由于历史上二者之间所形成的联系已逐渐消失，个体也就无法再借助于历史的力量，而只能依靠于个体的逻辑性，系统考虑各个方面的问题，进而确定自己所需要的支持力量，促使自己“心安”，也使他人能够接受。这一过程，恰恰需要个体的论证。

（二）证据挖掘与连接社会：论证的具体方式

如同其他类型的社会认同一样，社会规范认同同样需要诸多认同资源的支持，并得到整个社会的认可。在论证个体的社会规范认同时，青少年也往往是从这两点出发的。

证据挖掘与呈现是青少年论证社会规范认同的一种方式。无论认同何种规范，青少年均需要寻找一定的支持力量，从而使得自己所信服的内容是有据可依的。既然社会规范是多元的，人们认同的内容也是纷繁多样的。不可避免地，在社会交往过程中，任何一个个体所认同、遵循的社会规范都有可能受到他人的质疑。此时，整个社会中缺乏让每一个人信服的社会规范与支持力量之间的关系，因此，任何一个个体都无法如传统社会中的个体一样，运用历史上形成的模型回应这些质疑。为了阐释自己所认同社会规范的合法性，个体应该拿出令人信服的支持力量，呈现给他人。在这种情况下，为特定的社会规范找到合理的证据就成为论证的重要任务。基于这样的思考，青少年就需要寻找证据，以作为证明自我并说服他人的材料。正如一些研究者指出的那样：“若想作出决定，人们则必须求助家庭以外的榜样，寻找父母所属群体中不断改变的行为规范，并遵循这些规范。事实上，收音机和印刷品把榜样带进家中，父母和孩子就像法律专家一样，从审讯记录中摘要出于己有用的东西。”[①]可以说，面对社会规范之间的冲突，青少年往往是寻求证据。而且，他们这种对于证据的青睐，目的不是为了推翻他人，而是为了证明自己。即，他们试图通过这种方式，以证明自己的合法性。在这种合法性前提的支持下，个体可以详细阐述特定社会规范的价值取向、行为模式等，让冲突的对方全面、

---

① 大卫·里斯曼．孤独的人群[M]．王崑，朱虹，译．南京：南京大学出版社，2002：53．

深入理解自己所认可的社会规范，在此基础上，实现冲突双方的相互理解甚至是接受，从而达到缓解冲突的目的。

如果说挖掘证据是寻找“亚共同体”支持的话，那么，青少年对于社会规范认同的另外一种方式则是寻求“大共同体”的庇护。即，青少年往往通过将自己所认同的社会规范与整个社会联系起来，论证其合法性。社会是人们生存、生活所依赖的重要环境与基础所在，对于生活于其中的大多数个体而言，他们都不会轻易否定所存在的社会。这是由于：社会所提供的不仅仅是物质的精神，还是精神上的依靠。在这种情况下，社会也就成为判断其他事物的重要标准所在。如果能够与社会建立联系，无论是社会规范还是社会规范认同，都会拥有强有力的靠山。在青少年看来，社会处于不断发展的过程中，作为社会体系的一个重要构成部分，社会规范自然也应该处于不断的变化之中。青少年对于社会规范的论证，主要是将其与社会的发展趋势联系在一起，让人们意识到社会规范的诸种变化是整个社会发展的结果与必然。例如，对于社会中出现的多种问题，青少年将其与那些“不合时宜”的社会规范联系起来，同时在关于社会问题的解决上，青少年则将新的社会规范提出来，作为重要的解决方式。在诸如此类的方式下，青少年逐渐将自己所认同的那些社会规范与整个社会的发展变化联系在一起。由此，他们的社会规范认同也获得了强大的支撑力量。

三、渗透与对抗：青少年推介的两种方式

在宁斯（Niens）和凯恩斯（Cairns）看来，低社会地位群体的成员希望推动否定社会认同的修复并建立积极的、有价值的社会认同。[①] 低地位成员的这种行为，实质上是求得社会承认的一种行为方式。网络社会中青少年的社会规范认同同样具有这样的倾向性。因

---

① Niens，Ulrike，Cairns，et al. Explaining social change and identity management strategies：new directions for future research[J]. Theory Psychology，2003，13：489–509.

此，青少年在论证自己所更新过并认同的规范后，还会努力推动这些规范进入社会的视野，促使社会接受自己所认同的规范，使其真正成为社会规范。即，青少年会使用推介的形式，将社会规范嵌入整个社会体系当中。按照推介方式的强硬化程度，青少年促使规范社会化的方式主要可以分为两种：一种可以称为柔性渗透式，另一种可以称为激烈对抗式。

（一）弱推介：柔性渗透式

所谓柔性渗透的方式，指的是青少年在更新某些社会规范之后，通过种种措施形成一定的社会氛围，使得其他社会成员或无力阻挡，或在潜移默化中接受这些更新之后的规范。这种方式主要是通过以下三个方面实现的：

首先，青少年运用各种网络资源，构筑一个自我的世界。在更新社会规范之后，青少年对于自己应当遵守哪些规范、为何遵守这些规范等方面的内容有着较为明确的认识与思考。表现在现实生活中，即个体遵守着内心坚持的社会规范。即使与他人不同，只要未发生冲突，处于网络时代的个体并不会与人轻易发生争论，更不会以自己所认可的社会规范去压制或否定他人所遵从的价值观念。整体上而言，在网络社会中生活的青少年看来：个体所认可的社会规范，更多的是个人的指路明灯，与他人无关。因此，他们虽然并没有锋芒毕露，却以平和的心态不断地坚持着。换言之，“他们虽然对处于社会主流的前辈们并不会因为看法不同而产生激烈冲突，但这并不意味着他们接受了前辈人的看法与逻辑，他们会用自己的方式向周围人‘宣誓’他们自己的主张和行为逻辑。也就是说，他们的逻辑是‘以温和的方式演绎着内心深处关于自我的文本’”。[①] 实质上，无论是在整个人生态度，还是具体到社会规范上来说，他们的逻辑可以简单地总结为：虽然我很乖，但我有我的世界。

---

① 李庆真．生活在网络化时代的我们——网络化时代青年文化发展趋势研究[M]．杭州：浙江大学出版社，2014：182．

第二，在这个基础上，青少年充分利用网络技术的大众信息传递功能，宣传这一观念，扩大其社会影响。一方面，对于那些可能不太排斥更新后规范的群体，借助于网络工具，青少年向这些群体传递这一价值观念，可以促使其接受这些价值观念并开展相应的社会行动，形成一种“联盟”。在这种情况下，这些规范已经取得一部分社会成员的认可，并成为整个社会中一种不可阻挡与忽略的现象。通过这种做法，在社会中逐渐扩大影响。

第三，对于那些可能强烈反对这些规范的群体而言，青少年在各种场合之中对特定价值观念及相关事例的传递，可以促使其更新之后的规范与社会既有规范进行有意无意地软性交锋，逐渐松动既有规范的边界，并不断扩大其容忍度。具体言之，个体在传递特定规范的过程中，通过多种方式掩藏自己的真实想法，避免与其他群体尤其是主流群体直接冲突。“恶搞”就是一个典型的例子。所谓“恶搞”，指的是个体尤其是青少年采用一种拼贴、戏仿的方式，对原有的资源进行再创作。在现实生活中，“恶搞”并不仅仅是个体的一种娱乐方式，其作用也不仅局限于仪式抵抗。实际上，它还具有至少两个方面的作用。第一，对权力话语与权力内容进行“曲线”式化解。表面上看，“恶搞”是对经典符码与组织形式的破解，深入探究可发现：在“恶搞”过程中，经典话语秩序“背后所支撑的美学秩序、道德秩序、文化秩序也无一例外地受到嘲弄和颠覆”[①]。个体在进行颠覆时，并不是采取直接对抗的手段，而是以半真半假、似有似无，看似戏谑、实则批判的方式实现的。有研究者将这种方式称为“对现实的曲折而又机智的批判策略”[②]。第二，“恶搞”不仅在颠覆权威，还见缝插针地传递着“恶搞者”的观念。对于“恶搞者”而言，“拼贴”是实现价值观念传递的良好方式之一。所谓拼贴，是指“一种关于观念或意识的自由流动、由碎片构成的、互不相干的大杂烩式的拼凑物。它包容了

① 蔡骐．大众传播时代的青少年亚文化[M]．长沙：岳麓书社，2011：41.

② 朱大可，张闳．21世纪中国文化地图（第二卷）[M]．桂林：广西师范大学出版社，2003：278.

诸如新与旧之间的对应环节，它否认整体性、条理性和对称性；它以矛盾和混沌而沾沾自喜”[①]。在实际生活中，拼贴并非毫无意义，它在解构权威的同时，能通过多种方式传递价值与意义。例如：“恶搞者”通过整合原有的符号，生成新的意义，或者将一些新的符号融入原有的作品中，进而展示其价值观念。与上面的颠覆相似，这种价值传递也是较为平和与隐性的，并非大张旗鼓。由上文中的论述可以看出，“恶搞”成为个体颠覆权威、传递个人思想观念的一种有效形式。

（二）强推介：激烈对抗式

与柔性渗透式相反，激烈对抗式则是通过较为激烈的社会对抗，使得某些规范为社会所承认。具体言之，在一些情形下，个体已经意识到既有社会规范的不合理，并提出自己的见解与主张，且以此为根据，对既有的社会规范进行或正式或非正式的抵抗，以给具体的社会机构带来各种压力，从而促进社会规范的改变。一般情况下，这种方式主要通过以下两个方面实现。

第一，挖掘具体案例的社会层面，吸引整个社会的关注。在吉登斯看来，社会事件的发展并不总是处于规定的轨道当中，例行化地行进。在日常生活中，“紧急情形”（critical situation）同样存在着。“所谓紧急情形，指的是日常生活中习以为常的例行化被剧烈中断（无论出于什么样的原因）而出现的各种情形。”[②] 这种紧急情形的出现，往往会给社会及个体带来焦虑与恐惧，引起社会大众的关注。当然，这种焦虑、恐惧以及关注，也成为人们改善行动甚至改变社会的重要起点。激烈对抗式在很大程度上就符合这一模型，它一般是以具体的事件为起点的。对于一些新兴的社会规范，青少年在认同并依照其发出具体行为的过程中，难免与长者发生冲突，产生相关的事件。这些事件本身未必具有广泛的社会影响力，但它得到特定群体的关注。因

① 波林·罗斯诺．后现代主义与社会科学[M]．张国清，译．上海：上海译文出版社，1998：84．

② 安东尼·吉登斯．社会理论的核心问题[M]．郭忠华，徐法寅，译．上海：上海译文出版社，2015：135．

此，在有关社会规范的具体事件发生之后，青少年会积极关注具体事件。与此同时，他们更加关注这个事件所蕴含的社会意义，并充分挖掘这种社会意义。这种挖掘，使得其影响力超过具体事件本身。在这一过程中，事件仅仅是一个代表性的案例，事件中的“他 / 她”是“我们”的代表，我们也有可能遇到类似的事件。由此引发关注者的同情心与同理心。此外，借助于特定的议程设置者，将该事件及其所蕴含的社会意义推向整个社会，引起社会成员的关注与评论。

第二，借助于网络舆论及可能的社会行动，促使社会接受更新之后的规范。按照吉登斯的基本观点，“再例行化”是“在基本安全体系中压制潜在的焦虑源泉”。因而对于紧急情形，社会需要将其不断例行化，也就是将其社会化。在处理紧急情形的过程中，由于受到他者或者群体的影响，“导致的结果是一种新的认同过程——在短时间内表现为乌合之众的认同，在更加漫长的紧要情形中则表现为多权威形象的认同”[①]。由此可以看出，在应对紧急情形中，群体行为与权威现象是非常重要的，它们有助于紧急情形的例行化、社会化。这一过程，在很大程度上描绘出青少年促使规范社会化的过程。在激烈对抗的过程中，通过具体社会事件引起社会的关注之后，青少年往往会提出一些具体的诉求，促使社会接受。具体到社会规范上而言，则是青少年根据具体事件提出一些他们更新之后的规范，将其作为解决这一事件的重要方式之一，同时也是根据这一事件提出的诉求。在提出这一诉求之后，青少年往往会发动群体的力量——舆论甚至是群体行动，并将具体事件作为长期使用的标签，谋求特定规范的社会化。

在现实生活中，青少年对于这两种方式的运用因具体事件、环境等因素存在差异。但是在大多数的事件中，这两种方式并没有一个明显的区分，而是可以综合地发挥作用。

需要强调的是，推介仅仅是青少年实现社会规范认同的一种具体

---

① 安东尼・吉登斯. 社会理论的核心问题[M]. 郭忠华，徐法寅，译. 上海：上海译文出版社，2015：138.

方式，并非唯一的方式。在现实生活中，那种时时、事事要求改变社会规范进而实现的观念与行为并没有存在于每一个青少年身上。我们也不难见到：一些自幼便成长在网络社会中、极具个体意识的青少年，仍然能够认同部分或者绝大部分既有的社会规范。这些人的社会规范认同，便不是通过“推介”这一具体方式实现的。之所以对这一方式进行详细的分析，主要是考虑到它在社会规范认同方式中的位置和意义。对于青少年而言，采用该种方式实现社会规范认同，需要进行两重调整：一是对具体社会规范的调整，即青少年根据社会发展与自身情况，对社会规范进行更新，发展出新的规范；二是对社会规范位置与结构的调整，即青少年将调整后的规范社会化，或替代既有的社会规范，或在既有的社会规范结构中谋求一个合法的位置，取得社会的认可。在这种情况下，青少年所遭遇的阻碍与困难几乎是最大的。即使这样，网络社会中的青少年也能够借助于网络所赋予的精神与力量，自己决定归属何种社会规范。依据这一现实，基本上可以推断出：面对着其他认同实现方式背后的困难与阻碍，青少年仍然能够自主决定认同何种规范。由此可以看出，这种方式实质上揭示出青少年在社会规范认同中的自主决定性与自主完成性。通过上述阐述与分析，可以看出：网络社会中青少年所采用的各种认同实现方式，本质上都是一种“自嵌”的方式。换言之，自嵌是网络社会中青少年实现社会规范认同的方式。

作为网络社会中青少年社会规范认同的实现方式，“自嵌”这一方式的存在具有深厚的社会基础。即，青少年之所以能够通过“自嵌”的方式实现社会规范认同，在很大程度上依赖于相关力量的支持。在网络社会中，几乎每一个青少年都是网络上的一个节点。在大多数时候，某一节点仅仅是信息的接受者，或者单纯作为数以万计的信息传递通道之一而已。对于社会而言，这一节点的存在似乎可有可无。但是，在特定情况下，某些节点却能利用已经编织好的网络，通过传递信息、寻求帮助等，在特定时间内积聚众多的社会力量，获得诸多社会支持，实现或者保护自己的想法与行为。青少年在社会规范认同建构方面的“自嵌”，恰恰是依赖于这些隐性的社会支持而存在的。虽然并非每一次“自嵌”都需要调动众多的社会力量，但这些隐性存在的社会力量却为“自嵌”提供着巨大的社会支持，保障着青少年的“自嵌”。

通过上述三章的探讨与分析，可以看出：在网络社会中，青少年社会规范认同的基本诉求已经由“我应该根据社会规范做出什么变化”走向“社会规范应该依据我的情况做出什么变化”。即，青少年进行社会规范认同时，具有选择社会规范、表征以及自由实现认同的诸多空间与可能。青少年在认同社会规范的过程中，不再是无条件地改变自我，而是可以从自己的实际情况出发，依据自己的需要、兴趣、利益等方面，自主地运用表征（选择的或建构的）认同自己所选择或者建构的社会规范。换言之，青少年可以认同一套非常陈旧的社会规范体系，也可以认同一套刚刚建构出来的社会规范体系；青少年可以长时间甚至终身保持对于某一特定社会规范的认同，也可以根据情形更换自己所认同的规范。无论认同何种社会规范、持续多长时间，这些都是由青少年自主决定的。在自主决定的过程中，青少年生成了一些新的社会规范或者意义连接。有些生成物可能较为明显，体现为崭新的表征系统与社会规范体系，有些生成物则可能较为隐蔽，仅仅是青少年在思考、选择既有社会规范时所产生的意义。这种意义的出现，使得青少年能够在自己与社会规范之间建立更为有机的联系。需要提醒的是，在建构社会规范认同的过程中，青少年并非完全抛弃既有的社会存在，在空无一物的社会环境中进行建构。他们一般是依据既有的社会存在，创造性地运用，进而实现建构。总体言之，网络社会中的社会规范认同是基于青少年自主性的生成过程。因此，个性化建构也就成为青少年社会规范认同的基本精神所在。

第四章

赋与缚：网络社会中德育变革的两个维度

人，诗意地栖居。

——荷尔德林

在网络社会中，青少年认同社会规范的基本理念、具体方式等都发生了一定的变化。这些转变，积极性与消极性并存。一位研究者曾如是说：一方面，这提升了个体的那种玩弄自身的认同性和极大改变人生的自由度（它对某些人或许是件好事）；另一方面，它也会导致一种完全支离破碎的生活，受制于时尚的反复无常以及广告与大众文化的微妙灌输。① 德育活动为了较好地发挥作用，需要依据青少年社会规范认同所发生的改变而进行不断的转变。作为一种引人向善的活动，德育不能仅适应于社会现实，还应该对现实社会有所超越。“真正意义上的教育是以形成人的超越性生活理念为旨趣的教育，教育不仅要使人把握现实的生活是什么，更为重要的是：要使人去探寻理想的生活可能是什么？”② 具体到网络社会中青少年的社会规范认同上，德育需要进一步彰显、增强其积极性，并回避、抑制其可能的消极性。要做到这一点，德育需要把握两个看似截然相反，实质相辅相成的维度：“赋”与“缚”。具体而言，考虑到网络社会中青少年出现的种种变化，一方面，德育需要遵循青少年自主性成长的基本趋势，给青少年赋能，为青少年自主性的提升提供各种力所能及的帮助；另一方面，对于青少年不恰当的自主性，德育又应该发挥其应有的作用，协助青少年对自己进行适当的束缚。

---

① 道格拉斯·凯尔纳．媒体文化——介于现代与后现代之间的文化研究、认同性与政治[M]．丁宁，译．北京：商务印书馆，2013：438．

② 鲁洁．超越性的存在——兼析病态适应的教育[J]．华东师范大学学报：教育科学版，2007，4．

第一节
明显与适宜：网络社会中社会规范认同的积极特征

在集体主义观念里，宣扬“我”的存在，对自身利益、需要进行勇敢表达与强烈诉求是一种重视、强调个体私利的行为，往往会被贴上“个人主义”的标签，成为一种负面、消极的东西。因此，在以往的有关探讨中，研究者对这一部分并不关注，即使偶有提起，研究者也往往秉持一种批判的态度，对其进行批评与反思。实质上，这种对于私利的重视与维护，并非仅仅具有消极的意义，毫无益处。在现实生活中，它对于个体之公民性的培养乃至整个公民社会的形成，都具有非常重要的意义与价值。表面上看起来，宣扬“我”的存在与价值，仅仅涉及个人之私利，但是从公民意识的内涵上来讲，这却是一个巨大的进步。在某种程度上可以说，重视并维护个人利益的行为是公民性的重要内涵之一，进一步而言，公民社会也受益于此，这是由于:“公民社会……是以个人利益为基础建立起来的。”① 对于这一状况的积极意义，一些研究者指出:“公民社会中这个无组织部分对公民社会的意义往往不为人们所重视。”随着社会的发展，它“构成公民社会的重要组成部分。总的说来，这个纯粹的私人领域对于培养人们的自由意识、独立意志和自主性起着潜移默化的巨大作用”。② 从积极层面上，“我”的出现使得青少年社会规范认同具备了两个方面的积极特征。

① 高丙中，袁瑞军．中国公民社会发展蓝皮书[M]．北京：北京大学出版社，2008：序言．

② 高丙中，袁瑞军．中国公民社会发展蓝皮书[M]．北京：北京大学出版社，2008：序言．

一、青少年社会规范认同的明显性

“我”的出现使得青少年更具有自主意识与承担意识。“我”的出现标志着自我的觉醒，开始重视个体的需要、兴趣、利益等，这成为其自主性、担当意识等生成的重要起点所在。可以说，“自我的觉醒，认识到独立个体的价值，是个人承担其自身责任的开始”[①]。在社会生活中，“我”的出现使得青少年在很大程度上走出群体所编织、设定的环境，开始真正面对“自我”，审视并调动自身。在这种情况下，青少年发现自己能够根据其意愿与现实情况，确定适合于自己的生活目标、生活方式以及具体的日常行为等多个方面的内容。而且，这种力量在现实生活中具有较为强大的力量。受到这种情况的影响，青少年的自主意识也不断地处于成长过程中。与之相应，在自主性生成的同时，青少年也会主动或被动地形成承担意识。具体言之，青少年的生活方式以及行为模式等均是个体选择的产物，对于其可能产生的任何后果，青少年是最为重要的承担者。之所以如此，原因在于：青少年在排除外界干涉进行自我选择的同时，也就意味着排除了其他承担责任的人，在后果产生时，个体不能、往往也难以推脱自己的责任。长此以往，青少年基本上就会在发出行为时慎重考虑，并做好担当的准备。如此，担当意识就会不断生成。正如一些研究者所总结的那样：个人以一种对“真实”的自我的正确理解为基础，从与他人、社会的关系上来界定真实的自我，由此得出一个正确的自我认同，以形成对某个生活目的的信奉，将自己引向更加自我负责的生活形式。[②]对于青少年的社会规范认同而言，这首先使其具备了自主性特征。

在熟人社会中或者集体主义氛围的影响下，个体对于社会规范的认同在很大程度上可以被描述为一种“滥竽充数”型的认同。这种类型的认同主要有两种表现形式：无奈认同与无意识认同。所谓“无奈

① 师曾志，胡泳，等．新媒介赋权及意义互联网的兴起[M]．北京：社会科学文献出版社，2014：187．

② 陈嘉明．现代性与后现代性十五讲[M]．北京：北京大学出版社，2006：346．

认同”，指的是个体处于熟人社会监视或者集体主义思想的压制下，只能无奈地服从于所面临的社会规范，对于社会规范“不得不”认同。而“无意识认同”则是指个体对于社会规范并没有过多的思考与权衡，只是在很大程度上跟随他人的行为与意见，可以被总结为仅仅是毫无意识的遵循规则。实质上，由于社会规范并未被个体所内化，这两种认同均难以被称为真正的认同。这种认同类型的重要表征是：一些在某些环境中非常遵守社会规范的个体脱离了特定的环境后，往往表现出诸多违反甚至破坏社会规范的行为。在现实生活中，相关的现象并不少见。正处于社会转型时期的我国社会中存在的多种违反社会规范的“乱象”就是典型的例子。在传统社会中，人们基本上处于一个“熟人社会”中，因此较为遵守社会规范，“礼仪之邦”的称呼在很大程度上就是对这一状态的描述。而在社会的发展过程中，个体所处的环境发生了巨大变化，正如一些研究者描述的那样：

随着生存环境——职业、居住地、生产与土地关系，以及和其他阶级的关系——的变化，人们的需要也随之发生了巨大变化。社会的全面衰败导致社会中旧式社会控制方式同时发生剧变。旧的裁制，如社区的排斥或褒贬，随着和外界交流的扩大、新的参照群体的出现或移居外地，而变得不再有力。旧的奖赏，如收割粮食的互助小组的好处，在许多人失去了土地或转而生产经济作物之后，变得毫无意义。旧的调解方式，如通过村长来调解争议，随着和外界那些不认识也不尊重村长的人的交往的日益增长，开始变得没有意义。①

环境的变化导致了控制机制的变化，即个体不再处于熟人社会的控制之中，人们对于社会规范的遵守也远逊于以往。在这种情况下，原来的“礼仪之邦”似乎在一瞬间瓦解、坍塌。这一现象的出现，在很大程度上正是“滥竽充数”型认同造成的。即，个体对于社会规范的遵守在很大程度上是按照“熟人”的要求或者顺应传统的习惯，遵

① 乔尔·S. 米格代尔. 强社会与弱国家——第三世界的国家社会关系及国家能力[M]. 张长东，等，译. 南京：江苏人民出版社，2012：89.

循其所面临的社会规范，表现出相应的行为。他人甚至遵循者自身都难以清晰地分辨，这种遵循是一种外在力量压制下的“无奈”或“无意识”遵从，还是一种出自内心的认可与遵守。

青少年自我意识的觉醒，自主意识与担当意识的生成，极大地改变了这一状况。青少年面对社会规范时，既不敢也不想承担认同社会规范的任务这一现象有所转变。青少年对于社会规范的认同呈现出显性的特征。在自我意识的支配下，个体在选择、评价、遵守社会规范等方面，一般都有着较为强烈的自主意识和较为清晰的意见，因此他们是否认同某一社会规范，往往有着较为明确的想法与行为表现，这有利于我们了解其认同社会规范的基本状况。

在这种情况下，青少年对于社会规范的认同与遵守更为牢固。个体自主性的发展与担当意识的形成，无疑有助于个体对于社会规范的真正认同以及认真执行。如果我们用一个连续的坐标轴来描述个体对于社会规范的认同以及执行状况，轴上的两个端点，其中一端是自主性较强，另外一端则是服从性较为明显。在认同以及遵守社会规范的过程中，个体越倾向于前者，那么，他对于社会规范的认同越为强烈、对于社会规范的执行也就越为认真。这是由于“倘若自治建立在成员们自己的主动性上，而且一般也是建立在私有财产的基础之上，自治就会更加牢靠一些”①。

二、青少年社会规范认同的适宜性

在社会规范的认同过程中，网络社会中的青少年能够根据社会与个人实际情况建构认同。在这种情况下，青少年所形成的社会规范认同，无疑具有较强的适宜性特征。网络社会中公共领域与私人领域的合理划分，就是一个典型的例子。

如果将个体的生活领域划分为公域和私域两个部分，那么这两个

① 师曾志，胡泳，等. 新媒介赋权及意义互联网的兴起[M]. 北京：社会科学文献出版社，2014：94.

领域中的社会规范也必然存在着一定的差异。不可否认，这两个领域中的社会规范具有一些共通之处，但是这两个领域中也有着各自专属的社会规范体系。对于这两种规范体系的明确划分及使用，将有助于合理化人们对于社会规范的基本认知与认可。在传统社会中，“公域”与“私域”的划分没有那么明显时，可以说一切皆为公域，也可以说一切皆为私域。这个时期，社会规范之间的冲突并不十分强烈。随着私人领域的日益崛起，或者说是公共生活空间的扩大，不同领域社会规范之间的冲突日益强烈。之所以如此，在很大程度上是由于公域对于私域的侵犯，或者私域对于公域的干涉。

无论哪种现象的出现，都会使人们对于社会规范产生误解，引起人们思想上的混乱。对于青少年的社会规范认同而言，个体所接触的社会规范本身并没有合理的结构划分，因此在进行具体的认同时，青少年也很难对自己所面临的规范进行划分与组织。“私域”与“公域”的出现，在很大程度上解决了这一问题。可以说，这两个领域的产生，使得社会规范具有了一定的归类空间。公域的社会规范是每个人都需要遵守的。与公域中的社会规范不同，私域中的社会规范在更大程度上是属于私人所有、所遵从的。在这种情况下，个体所面临的社会规范是公域中的社会规范体系以及自我私域中所应当遵从的社会规范体系。对于他人私域中的相关社会规范，青少年并不需要了解，更不需要进行认可或遵守。个体在认同过程中，可以根据社会规范的空间位置及特征进行认同，这无疑有助于认同的适宜性。

在适宜性特征的作用下，网络社会中青少年的社会规范认同更为有效。一方面，适宜性增加了社会规范对于自我感知的意义。“私域”的出现，在很大程度上为个体的需要、兴趣、利益等提供了合法性的理由与合法性存在的空间。由于这一空间的存在，青少年的诉求不再被视为“不应该存在事实”，而变成一种正常的社会现象。这也就意味着，青少年可以在这一空间内根据自己的基本情况较为自由地决定认可、遵守哪些规范，同时对哪些规范可以置之不理。由于这种决定更多的是基于自我的情况，而且较少受到他人的干涉与控制，个体更容易体会到生存的意义与价值，这无形中增加着社会规范对于自我感知的意义。另一方面，适宜性增加了社会规范对于个体生活的意义。个体的“私域”受到保护，基本上离不开“公域”相关规范的调节。在这种情况下，个体能够逐渐体会到“被保护”是基于别人的“保护”，进而萌发出“保护”的意识。而这种意识的萌发，能够使其较为清晰地认识到整个“社会规范”对于个体生活乃至社会生活正常运转的价值和作用。在这种情况下，他们也能逐渐意识到社会规范对于个体生活的意义。这种意义的增加，无形中增强着个体对于社会规范的认同程度。

第二节
私利与盲目：网络社会中社会规范认同的时代挑战

在网络社会中，“我”的出现不仅能够使青少年社会规范认同拥有一些积极性。受到诸多因素的影响，“我”的出现也可能使青少年的社会规范认同拥有一些消极性，造成一些时代挑战。这种时代挑战主要是青少年自主性的“过”与“不足”导致的。从“过”的方面看，青少年可能“精致”地超越合理的权利边界，导致社会规范认同的私利性。从“不足”的方面看，个体则可能“自愿”地陷入建构材料的“八卦阵”之中，导致认同的盲目性。

一、“精致”地超越合理权利边界：青少年社会规范认同的私利性

在网络社会中，“我”的出现使得青少年意识到需要捍卫自己的权利以及维护个人权利的方式与方法。在这种情况下，现实生活中的青少年往往较为倾向于重视并维护个人权利，有意无意中形成了一种维护个体权利的思维方式。正如一些研究者所指出的那样，这“造成了个人利益至上主义，它注重的是个人的权利”[①]。借用钱理群教授的话语，这些个体可以被形象地描述为“精致的利己主义者”。何谓“精致的利己主义者”？在钱理群看来，所谓“精致”，是指他们有着很高的智商和教养，所做的一切事情在表面上看来都合情、合理、合法和无可挑剔；同时，他们又有惊人的“世故老成”，经常做出“忠诚”的姿态，很懂得配合、表演，最善于利用体制的力量最大限度地为自

① 陈嘉明．现代性与后现代性十五讲[M]．北京：北京大学出版社，2006：344．

己谋取潜在的利益，成为既得利益集团的一员。[①] 虽然这一词语是钱理群用来描述一些大学生的基本状态的，但其具有非常宽广的社会适用性，在很大程度上揭示出了当前利己主义者的基本状态。

“精致的利己主义者”的出现，作用于社会规范认同，在很大程度上导致了青少年社会规范认同的私利性。这种特征的产生，从表面上看，是由于“我”的过分张扬使得个体对“自我权利”的理解产生了一定的偏差，从较为深入的层次上而言，则是“我”的异常强调导致了个体与他人产生了意义方面的疏离，减少了个体与他人或社会共同体的意义链接。

第一，“我”的过分张扬可能促使个体对“自我权利”的理解产生一定的偏差。网络社会的到来可能使得“我”过分张扬，这主要体现在三个方面：第一方面，网络社会为个体的“自我张扬”构建了平台。众所周知，网络社会是一个非常自由、开放的社会，在这个社会中，个体可以在很大程度上脱离社会结构方面的限制，进行自主、自由地选择。同时，网络社会中的媒介为个体赋予了诸多权力，个体无论是在信息获取、意见表达还是实际行动方面，都获得了巨大的权力。这两个层面的结合，无形中为个体的“自我张扬”提供了舞台。正如一些研究者指出的那样：在这个过程中，以集体主义、国家主义去抑制个体主义成长的国家建设逻辑逐渐失效；而为实现自我权利和价值的个体正逐渐从国家话语中溢出，并进而开始追求个性化的张扬。[②] 第二方面，网络社会中私域的过分膨胀为“我”的过分张扬提供了条件。网络社会的出现，为个体构筑私域，避免公域的侵犯提供了较多的资源与可能。在保护权益的同时，私域极有可能过分膨胀，为自我提供一种侵犯公域的保护外壳，从而不断使“我”张扬。第三方面，网络社会中权利观念的强调激发了“我”的过分张扬。在网络社会中，有关个体“被侵权”事件的报道层出不穷。在这种情况下，

---

① 魏干．谁造就了“精致的利己主义者”[J]．民主与科学，2012，2．

② 周云水，赵金才．亲密关系的变革：“基友”的现实表现及其理论蕴含[J]．青年研究，2015，2．

个体由于时刻关注个体权益是否被侵犯而保持着较高的权利意识与诉求。也正是在这种情况下，个体由于过多的“负面性”事件而对权利有着过分的要求。此外，一直以来，我国是一个强调以义务、责任等为主要内容的“义务论”占据主导取向的社会，可正是在对“义务论”进行“拨乱反正”的过程中，“矫枉过正”倾向也有所发展，在这种情况下，个体对于权利的诉求更为强烈，对于责任与义务的忽视也就愈为严重。

在这种情况下，个体对于权利理解的偏差主要体现在两个方面：一是个体对于权利与义务或责任的关系认识不明确。按照共和主义或者社群主义的观点：权利，并非如自由主义所说的那样，是一种“先验”“天赋”的存在，而是“一种社会化的结果”，是“在所有社会关系中所结合而成的”①。基于这种观点，我们认为：权利与义务是相辅相成的。对于权利而言，权利的实现离不开义务的履行，若无义务作为保障，任何权利都无法存在。正如马歇尔所说的那样：“如果说公民身份意味着捍卫权利，那就不能忽视相应的公民义务。”② 由此可见，权利与义务之间具有密切的关系，一个人的权利总是与他人的义务相伴。如同“自由是通过法律实现”③ 的一样，权利是借助于义务生存的。在现实生活中，一些个体只看到权利，而并未意识到权利的另外一面——义务，逐渐成为“精致的利己主义者”。二是个体对权利边界的认识存在一定不足。与上述认识相应，个体对于权利的边界也存在着一定的不足。由于个体的权利与其他个体以及群体密切相关。因此，个体的权利边界可以大致分为两个方面：一个是个体的权利不能危害他人的权利，另一个是个体的权利以共同体的权利为界限。未能认识到这两个边界，也会使得个体过于注重个体的利益。对于此，一

① 陈开琦，黄聪．法律权利的道德争论——关于权利来源的两种思考[J]．云南师范大学学报：哲学社会科学版，2014，6．

② 托马斯·雅诺斯基．公民与文明社会[M]．柯雄，译．沈阳：辽宁教育出版社，2000：67．

③ 蓝维，高峰，吕秋芳，等．公民教育：理论、历史与实践探索[M]．北京：人民出版社，2007：127．

些研究者这样描述道："占有式的自由和权利使得个体道德失范。尤其是近代个体本位时代所形成的占有式自由、权利观念与世界复杂系统的现实状况是正向抵牾的。他们把全球化只看成是个体自由、权利的延伸，比如，在网络社会中大多数人都还认为网络是一个自己随意进入、退出、纵横捭阖、为所欲为的私人世界。人们在理所当然地享用这种自由和权利时并没有考虑到自己应该承担的责任和义务。"①

第二，"我"的过度强调可能导致个体与他人产生意义方面的疏离，进而减少个体与他人或社会共同体的意义联结。这是"精致的利己主义者"出现的深层次原因。网络的便利性方便了个体之间的交流，使得人们更为紧密地联系在一起。可是，这种联系有时仅仅是形式上的紧密，从意义交流上而言，个体之间可能不仅没有更加紧密，反而有所疏离。"用吉登斯的话来说，全球性的个体本位形成一种'生存的孤立'，这种孤立不是物的依赖关系上的孤立，而是指意义关系上的孤立，'是与实践一种圆满惬意的存在经验所必需的道德源泉的分离。'库利则称之为'个体退化'。"②之所以将个体之间意义方面的疏离视为一种消极、负面的态度，原因在于由人的形式及意义连接塑造的"社会性"在很大程度上是对人之"自然性"的一种完善和超越。众所周知，人的存在具有二重性，即先天的自然性和后天的社会性。在其自然性方面，个体具有多种多样的原始欲望和需要，在难以或者不愿控制这些诉求的情况下，个体之间由于相互争夺而极容易处于一种战争状态。因而，"避免这种战争状态，是人类组成社会和脱离自然状态的一个重要原因"③。从这个方面讲，人应该也必须具有社会性的一面。马克思对于人的社会性进行了经典的总结与表达，"人的本质不是单个人所固有的抽象物，在其现实性上，它是一切社会关

① 沈湘平. 理性与秩序——在人学的视野中[M]. 北京：北京师范大学出版社，2003：210.

② 沈湘平. 理性与秩序——在人学的视野中[M]. 北京：北京师范大学出版社，2003：210.

③ 洛克. 政府论（下）[M]. 叶启芳，瞿菊农，译. 北京：商务印书馆，1964：15.

系的总和"[①]。也正是在这种社会关系中，人类的道德得以产生。马克思、恩格斯指出："思想、观念、意识的生产最初是直接与人们的物质活动，与人们的物质交往，与现实生活的语言交织在一起的。"[②] 由此我们可以看出，由于个体不仅仅是一种自然性的存在，而且还是一种社会存在物。因此，个体在现实生活中就不能无限表达自我的原始欲望，还需要遵守一定的秩序与理念，发展出相应的社会精神，如谦让、尊重、关怀等义务性或责任性的思想意识与行为模式。在这种群体联系或者氛围的影响下，个体不仅仅是为了自己的利益无所不做的"自然性"之物，还是一位充分考虑他人利益与自我责任的"人"。当前，个体对于"我"的过于强调，实质上是切断了个体之间的联结，进而导致了一种特殊利己主义类型——"精致的利己主义者"的出现。除了个体与整个社会其他成员的疏离之外，"我"的异常强调也导致青少年群体与年长者一代的疏离。即，他们过分注重自己的兴趣、观念等，而忽视或者回避长者的一些建议与意见。这也会使青少年的社会规范认同过分注重自我，而忽视群体的利益。

青少年过度重视自己的生活，对集体较为冷漠，是上述状态的一种体现。通常，个体对待公共生活的方式可以分为两种：一是消极方面，即维护公共利益；二是积极方面，即积极参与公共生活，营造良好的公共生活空间。目前，青少年对待公共生活并不积极，这主要体现为个体对公共生活的忽视甚至无视。所谓"忽视"，指的是个体本应对一些事件积极参与以使整个社会环境变得更为良好，但他们却秉持冷漠态度。所谓"无视"，则主要是指个体埋头或者沉醉于个人所编织的世界中，对于公共生活不闻不问。"随着社会的兴起，随着家庭和家务活动进入公共领域，私人生活与公共生活之间的界限日益模

① 中共中央马克思恩格斯列宁斯大林著作编译局．马克思恩格斯文集（第1卷）[M]．北京：人民出版社，2009：56．

② 中共中央马克思恩格斯列宁斯大林著作编译局．马克思恩格斯文集（第1卷）[M]．北京：人民出版社，2009：524．

糊，由此导致的结果是公共生活的萎缩，人们对物质生活享乐的热望遮蔽了个人公共生活的视野。”[①] 在这种情况下，个人对公共生活表现出一种冷漠的态度：“政治冷漠”（个体主动放弃政治权利，不参与政治生活）或者“类政治冷漠”（个体对于自己所属群体的建设与发展置之不理）。在学校生活中，一些青少年对于班集体发展的“冷漠”就是典型的例子。

综上可知，对于个体的社会规范认同而言，“我”的出现以及彰显，带来的可能消极后果之一就是认同的过分利己性，进而使得社会规范认同呈现出私利性的特征。在这种特征的影响下，青少年所认同的社会规范，可能仅仅是反映自己需要与兴趣、维护个体利益的一套社会规范体系。对于社会而言，这无疑不利于整个社会的有效整合与长期发展。需要注意的是，网络社会中青少年社会规范认同的私利性表现出“精致化”特征。所谓“精致化”，指的是青少年对于这种“私利”有着理直气壮的强调，并运用各种社会认可的手段、理由使其合情合理。这种“合情合理”如果不是实质上的，最起码是形式上的。

二、“自愿”地走入认知歧途：青少年社会规范认同的盲目性

通过前文的论述，可以得知：青少年在建构社会规范认同时，除了从身边寻找依据或者群体支撑之外，他们还更多地从网络上寻找相关证据与群体。因此，青少年的社会规范认同必然受到网络中证据真实性、客观性以及群体基本特征甚至是网络技术特征的影响。在很大程度上，假如对上述内容没有较为清晰的认识与了解，青少年极有可能成为有眼的“盲目之人”，进而导致社会规范认同的盲目性。在下文中，本部分将详细分析网络信息、群体甚至网络本身对青少年可能产生的遮蔽。

---

① 刘铁芳．公共生活与公民教育：学校公民教育的哲学研究[M]．北京：教育科学出版社，2013：31．

（一）信息的客观性存在偏差可能导致盲目性的出现

波普尔在对实在世界的性质与结构进行考察时，认为“实在世界”在本体论上存在着三个构成成分：第一世界是物理世界或者物理状态的世界，包括无机物和有机物，简称世界 1；第二世界是意识状态或精神状态的世界，包括主观经验、意识状态和心理状态等，简称世界 2；第三世界是思想的客观内容或客观知识的世界，即客观意义上的观念的世界，它是可能的思想客体的世界，简称世界 3。[①] 通过这种划分，我们可以看出：第一世界是客观存在的真实世界，第二世界指的是人们意识里的状态，第三世界则是指第二世界作用于第一世界形成的一种基于真实世界而又不同于真实世界的一种社会存在。我们平常所言说的媒介世界与第三世界具有很大的相似性，即，它是基于真实世界，同时在人们意识与观念的影响下所形成的一种世界类型。这种世界，由于受到人们意识的作用，必然会具有一定倾向，产生一定的偏差。与之类似，信息虽然是基于社会现实的产物，但其由于受到特定意识的影响，因此有可能会具有一定的偏差性，从而导致客观性不足。在日常生活中，信息的偏差主要是受到特定意识形态影响而形成的，具体而言，诸如此类的意识形态主要包括两种类型：一是政治意识形态，二是商业意识形态。

第一，政治意识形态导致的信息客观性偏差。为了满足特定宣传的需要，特定的政治团体一般会对社会信息进行裁剪，使其符合自己的宣传主张，维护自身的利益。在这种政治意识形态的作用下，既有的社会信息被重新编排，从而产生一定的偏差，进而影响着人们的认知。如在伊拉克战争期间，对于战俘，美国新闻报道呈现的信息一般为“伊拉克战俘都得到了妥善安排并且状况良好”，而一些国家的媒体则发现美国存在着“虐待战俘”的行为并予以报道。[②] 在信息的传

---

① 张之沧．从世界 1 到世界 4[J]．自然辩证法研究，2001，12．

② 张宁．媒介社会学：信息化时代媒介现象的社会学解读[M]．广州：中山大学出版社，2010：186．

递过程中，诸如此类的信息及编排方式并不少见。当青少年过分依据该类信息决定是否认同某一社会规范时，无疑会产生判断上的偏差乃至失误。

第二，商业意识形态导致的信息客观性偏差。受到商业意识形态影响的信息，往往含有一定的掺假成分。广告在某种程度上就含有一些虚假成分。在当前社会中，广告中的掺假主要是将商品背后所蕴含的特定的价值观念与生活方式联系起来，弱化商品本身，凸显商品的社会意义，进而将商品隐性地推荐给顾客，并在此过程中形塑人们的价值观念甚至行为方式。可以说，“在许多现代广告中，商品本身已经退隐到广告画面的背景之中，现代广告更多采用抽象、间接、写意的诉求风格。广告不再令人惊异兴奋，同时人们的模仿方式也变得更加复杂和多样化”①。在这种商业意识形态的影响下，个体对于社会规范的认同情况往往会呈现出商业化的特色，削减了社会规范的内涵。例如，在广告的影响下，许多人将孝顺老人简单地等同于送礼，而情感陪伴等则让位于这些礼品。在这种情况下，个体对于社会规范的认同也是在偏差的情况下进行的。可以说，“看似随机偶然的网络背后是难以看见和看透的资本逻辑与权力法则。……如果我们任由这种数量逻辑、资本逻辑或者群众的‘智慧’来控制我们的注意力，那么我们对世界和真理的理解必然极度受限和扭曲”②。

除了受到意识形态影响而导致的信息偏差之外，以讹传讹或者编造的虚假信息也属于信息偏差的一种主要类型。这种类型的信息也需要社会大众加以注意并进行识别。在现实生活中，青少年在发现此类信息的虚假性之后，能够更为容易地拒绝，并不如上述信息那样具有更大的普遍性、欺骗性与诱惑性，在此不再赘述。

（二）群体的隐性强制可能导致盲目性的出现

在社会规范认同的过程中，影响青少年做出决定的不仅仅是上述

① 大卫·里斯曼．孤独的人群[M]．王崑，朱虹，译．南京：南京大学出版社，2002：233．
② 李树培．打破技术迷思：儿童媒介素养教育的重要视角[J]．全球教育展望，2015，9．

信息，如前所述，相关群体的行为也发挥着重要的作用。对于青少年而言，这些群体借助于隐性强制的形式，促使青少年认同某种类型的社会规范。

一般认为，网络构筑了一个较为平等、民主的社会环境。在这种社会环境中，诸如政治权力等“持久强制性”中心慢慢得以消解，个体由于较少受到外在权力的制约与束缚而较能自由自在地选择与生活。实际上，在网络所形塑的社会中，个体并非完全自由自在。从各种由网络参与的事件中，我们可以看出：虽然原有的权力中心（如政治权力中心）在一定程度上得到瓦解，但是这不意味着网络缺乏中心的存在。在网络社会中，或者由特定主体（如名人或者相关媒体）引导，或者是网民在某种观念影响下自发塑造，网络社会中很容易就某一特定事件形成一些力量强大的意见，左右着人们的思考与行为。该种类型的中心虽然不是长期存在，但是在具体事件上却发挥着诱导作用，影响个体的选择。与“持久强制性”中心相对应，它可以被描述为一种“短暂诱导性”中心。这些“短暂诱导性”中心的存在，在具有正面价值与意义的同时，也可能产生负面的作用和影响。正如一些研究者所指出的那样：“在网络社会中，很多网民在激烈的言辞与态度中，容易形成一种非理性的舆论氛围，造成人多势众，给偏激者一种力量感，这些非理性舆论容易在网络群体中形成一种‘优势意见’，通过其感染性而影响整体的认同倾向。”① 而这种认同倾向，往往是一种非理性甚至是错误的倾向。

表面上看起来，这种新型的意见中心使用“诱导”方式影响个体，实质上则不然，它在很大程度上也是运用“强制”之手段作用于个体，只不过这种强制手段更为隐蔽，令人难以察觉。具体而言，这类强制手段的类型有二：第一，简化观念，杜绝思考。这种方式指的是将某些事件或者观念进行“标签”化，并采用二元对立的方式让人们进行直接选择，杜绝个体的思考。例如，个体为政府辩护甚至捍卫政府相

① 陶蕴芳．网络社会中群体政治认同机制的发生与引导[J]．中州学刊，2012，1．

关行为与做法，本身可能蕴含着丰富的意义与价值取向。但一般在网络社会中，辩护者或者捍卫者可能被妖魔化。这一过程，简化了甚至杜绝了人们对于具体事件的分析与思考，演变成简单的选择。第二，话语打击，精神围攻。在“优势意见”形成后，秉持这一优势意见的群体并没有明确要求他人需要认可、服从这一优势意见。但是，当出现“异议”时，个体往往会受到话语上的讽刺、挖苦，进而在精神层面受到围攻。与政治权力等明显的强制力量所塑造的中心相比，这种由舆论、非理性等“隐性强制”力量所形塑的中心，并非更为纯洁、更为人容忍。同时，它还更难以被人所察觉与发现。在这种情况下，青少年可能在一片欢愉与自由的氛围中受到控制，成为一名眼睛雪亮的“盲目之人”。

（三）网络技术作为一种意识形态可能导致盲目性的出现

按照一些技术哲学研究者的分析，技术并不仅仅是人们使用的一种工具，也并非是完全客观中立的。可以说，“每一种技术都是具体的政治经济环境的产物，每一种技术都带有独特的纲要、议程和理论”[①]。对于此，海德格尔有着精妙的分析。在海德格尔看来，现代技术的本质是“座架”。具体而言，现代技术并非单纯的手段，而是对世界的构造，是存在的一种解蔽方式，即展示真理或事物本质的一种方式。因此，现代技术不仅是人的行动，还是一种强求于人的，人所不能控制、不能突破的无形的驱使力量。人总是囿于技术的视野，技术总是囿于它行动的动机。这种控制、限定，在现代社会已经发展成为一种技术思维方式。这是技术的本质，即“座架”[②]。由此可以说，现代技术通过作用于人们的思维方式、价值观念等影响着个体的日常行为。

具体到网络技术而言，它作为一种技术，也在不断地形塑着个

① 尼尔·波兹曼．技术垄断：文化向技术投降[M]．何道宽，译．北京：北京大学出版社，2007：111．

② 刘英杰．作为意识形态的科学技术[M]．北京：商务印书馆，2011：51．

体，进而对个体产生影响或者控制。这体现在多个方面，如个体的阅读方式、思维方式甚至是思维模式等。在阅读方式方面，网页出现之前，个体在阅读文本时，一般是采用从头到尾、循序渐进的方式。而在网页出现之后，受到关键词、超链接等因素的影响，个体的阅读方式是“超文本式”的，即并不按照前后顺序，而是跳跃性地阅读。与之相应，个体的思维方式也逐渐呈现出片段化、破碎化的特征，很难接受逻辑性、系统性较强的内容。甚至，个体的整个思维模式由于受到网络技术的影响，而变得“电脑化”。形象地说，“当我们越来越依赖电脑作为理解世界的媒介，我们自身的智力将被摊平成为人造电脑”①。即，个体在网络技术的深刻影响下，已经为网络这一技术所控制。正如一些研究者所指出的那样：据我猜测，其他人也和我有一样的感受，即我相信——用计算机科学家最喜欢的话来说——所发生的是一种“反馈”。这种“反馈”通常吞噬了我们所有的注意力，只留下一副空空的躯壳。② 在这种情况下，“我们会忘记独立思考，因为我们不再知道什么是重要的，什么是不重要的。几乎在每个领域，我们都服从于机器的权威统治。我们的思想会逐渐散逸，逃离我们内在的自我，依附在电脑键盘上。生活被预先精确地确定，人们对改变命运具有无力感”③。由于网络技术本身具有一定的缺陷与弊端，在这种技术控制之下的个体视野，也会在很大程度上存在一些不足。而这些不足，则会使个体在社会规范认同方面走入一些误区甚至是盲区。总而言之，技术的控制作用加之政治、经济意识形态的影响，使得个体难免处于一种被遮蔽的状态之中。

与政治、经济等意识形态相比，技术作为一种意识形态，具有更高的隐蔽性，难以为人发现。哈贝马斯对此进行了总结。与旧的意识形态相比，哈贝马斯提出了科学技术这种新意识形态的主要特点：一

---

① 许知远．单向街001：最愚蠢的一代？[M]．南京：凤凰出版社，2009：25．

② 弗兰克·施尔玛赫．网络至死[M]．邱袁炜，译．北京：龙门书局，2011：5．

③ 弗兰克·施尔玛赫．网络至死[M]．邱袁炜，译．北京：龙门书局，2011：10．

是较少的意识形态性。具体言之，科技使得意识形态的特性在发达资本主义社会更加隐而不显，它总是以非意识形态的面目出现，使公众难以看到其意识形态的本质。二是更具难以抗拒性。科学技术由于给公众创造了丰富的物质财富，其本身的生产力性质得到了充分的显现，科学技术的地位在公众心里日益重要。它已经渗透进人们生活的各个方面，从而也在生活中控制着人们。三是更具辩护性。哈贝马斯认为，在晚期资本主义社会中，作为意识形态的科学技术为现状和为其本身对人的压制所做的辩护远胜于以往的意识形态。这是技术统治意识所具有的新特点。它不像以往意识形态那样，将压制建立在集体压制之上，而是使人的交往行为与支配社会生活的行为标准相互分离，并将其非政治化，从而掩盖其对人的交往行为和人的本性的伤害。由于这种方式的非强制性，人们往往在潜移默化中不加反思地予以认同。这种隐蔽性，在很大程度上使得个体落入别人的“陷阱”而不自知。此时的青少年在诸多方面（如社会规范认同）可能看似无所不晓，而实质上却是在外界的指引下，盲目地选择与行动。

如果说在网络社会，青少年由于认识到各种压制却无法反抗，只能“不情愿”地走入相关力量设置的“误区”，那么，在上述各种因素的隐性诱导或者压制下，青少年则是“自愿”地走进认知歧途的，进而使得自己的社会规范认同具有盲目性。

通过上面的论述，我们可以看出：在网络社会中，青少年进一步摆脱了一些束缚，自主性得到了极大的增强。但需要注意的是，由于网络社会一些特性的存在，诸如信息生成与传播方式、权力结构与权力运作等方面的因素可能在提升个体自主性的同时，也无形中构建了新的“乌云”，生长出新的束缚力量，削弱了个体的自主性。正如一些研究者所总结的那样：现代社会给予了个体自主性，“但这种独立性‘现代社会恰恰懂得如何删除它所貌似鼓励的那种个性’”[①]。换言之，网络社会在促进青少年自主性增长的同时，也极有可能让青少年走向一种貌似自主性，实则异常“伪自主性”的状态。可以说，“（网络）技术曾经被想当然地当成是拯救力量。但是，希望很快幻灭。过多的信息并没使这些青年人更有判断力，他们经常是新的盲从者；丰富的全球文化并没随着宽带而来，反而是一种封闭的自恋意识的兴起”[②]。而这种“伪自主性”由于披着自主性的大衣，往往更加难以被识别并加以纠正。因此，在网络社会中，我们需要做的仍然是增强个体的自主性与理性。可以说，“个人的命运与国家、社会的命运是无法分割的，但技术赋权下为个体组织机构赋权到社会赋权提供了可能，关键的问题依然是个人如何实现自我救赎与赋权”[③]。

之所以如此强调个人的救赎与赋权、个体的自主性与自决性，一个重要的原因是个体自主性与社会秩序的维护有着密切关系。通常情况下，社会生活中个体的理性能力越强，整个社会就越能构建适合于社会发展与个体发展水平的规则、规范。同时，个体由于对于社会规范、规则有着较为全面的认识与理解，他们也就较为理解社会规范对于个体、他人以及整个社会的意义与价值，进而能够比较自觉、牢固地遵守相关的规范体系。当然，在强调赋权的同时，“缚权”也应该引起人们的注意。如此，青少年的自主性才有可能得以健康地发挥。

---

① 师曾志，胡泳，等．新媒介赋权及意义互联网的兴起[M]．北京：社会科学文献出版社，2014：24.

② 许知远．单向街001：最愚蠢的一代？[M]．南京：凤凰出版社，2009：5.

③ 师曾志，胡泳，等．新媒介赋权及意义互联网的兴起[M]．北京：社会科学文献出版社，2014：24.

第三节
基于自主性的引导：网络社会中德育的赋与缚

在网络社会中，青少年的自主性具备了深厚的社会基础，并得到了极大的张扬。德育需要承认并适应这一基本事实，并在此基础上通过多种方式为青少年赋权。同时，德育需要引导青少年的道德成长，对青少年有所束缚。具体而言，依据青少年社会规范认同的基本情况，相关主体应促使德育做出如下方面的变革或转变。

一、将“教会建构”视为德育的重要任务

网络社会中青少年的社会规范认同，是一个由再制走向再构的过程。在“再制”的时代里，青少年在社会规范认同过程中所要做的是完全接受社会的安排，通过各种方式有效地复制社会给予的社会规范。在这种情况下，道德教育的主要目的是让学生接受社会所要传递的各种社会规范。由此，道德教育的任务之一可以简单地总结为：教会接受。而在网络社会中，青少年的社会规范认同并非如此，他们需要进行多重建构，进而实现社会规范认同。在这种情况下，让学生掌握特定社会规范的德育目标已然不适用于当前青少年的发展与德育活动的开展。因此，德育应当完成的重要任务之一是：教会建构。

（一）教会接受：一种不断失去合法性的德育任务

长时期以来，“教会接受”之所以能够成为德育的重要任务之一，主要源于社会压制了个体，它有着深厚的社会基础。随着网络社会的到来，这种合法性基础受到质疑，逐渐瓦解，进而失去了其合法性需要转变为“教会建构”。

建构，是青少年的重要天性。在日常生活中，青少年的一些思想

与行为常常看起来是较“新”的、不同于人们一般的思想观念与行为模式的。对诸如此类的现象，成人或褒之为“别出心裁”“匠心独具”，或贬之为“天马行空”“调皮捣乱”。无论给予这些思想与行为何种称呼，都在很大程度上说明一个问题：在面对这个世界时，青少年有着不同的想法与行为，并已经呈现出来，为人们所认识到。这可以说是青少年具有建构性的生动体现。即，他们对于世界有着新的理解与认识，并试图将其转化为行为，建立自己的认知与行为。一些研究也证实了这一点：改变既定规则、建构新的世界原本是人的一种天性。儿童自出生之日起，就已开始了探究并试图改变周围世界的努力。①

在很长一段历史时期里，整个社会要求青少年做的主要是接受、再复制既有的社会规范，进而压制了青少年建构的天性。对于青少年而言，“再制”社会规范的一个鲜活表现是做“听话的孩子”。对于社会所传递的、长者所言说的内容，青少年是否听从，成为人们判断青少年“好与坏”的重要标准。如果“不听话”，青少年往往会被贴上种种负面的标签，并受到多种形式的惩罚。相反，如果“听话”，青少年则往往会受到他人的赞赏，并可能获得一些奖励。由于社会结构、社会权力关系等诸多方面的影响，支持“再制”的力量非常强大。那种要求孩子“听话”的思想观念不仅仅是个别成人的主观期待，更是整个社会的强烈诉求，并逐渐形成了一种文化氛围。甚至，受到奖惩体系、文化氛围等或显或隐因素的影响，青少年也逐渐接受了“成为听话的孩子”的观念，并将其作为自己的目标。在这种情况下，作为“不听话”这一表现形式的建构，就遭到整个社会（有时甚至包括青少年自身）的压制。

网络社会的到来，不断释放着青少年的“建构”天性。网络社会中权力种类的多元化、权力来源的信息化与技术化等，大大动摇了原有的社会结构与权力体系，使得那种“听话”的观念逐渐失去了基础。

① 吴康宁．教会选择：面向21世纪的我国学校道德教育的必由之路——基于社会学的反思[J]．华东师范大学学报：教育科学版，1999，3．

在网络社会中，青少年的社会规范认同已经逐渐转变为一个“重构”的过程。这一过程有着深刻的社会基础及多种社会支持力量，具有社会合法性。它的出现，也在很大程度上意味着“再制”社会规范模式的破产。在这种情况下，青少年的建构行为如果不能说是一种被鼓励的行为，最起码也是一种被允许或者不被限制的活动。由此，青少年被压制的“建构”天性，无疑具有了生存的社会基础，被极大地释放了。具体而言，其主要受益于以下两个方面：

第一，网络社会促进了青少年权利意识的增长，进而使得他们强烈主张自我建构的权利。受益于信息传递、交往互动等多种因素的影响，网络社会中青少年的权利意识得到了极大的提高。在他们看来，按照自己的想法采取相应的行为、组织自己的生活，甚至以此为基础对世界进行改变，均是自己的正当权利。即，建构自己的生活与世界，是个体的权利所在。对于这种建构的权利，其他人不能干涉，相关机构需要提供一定的保障措施，保证权利能够被健康、顺利地使用。由此可以看出，在权利意识增长的情况下，青少年对于建构的权利有着强烈的主张。

第二，网络社会中青少年的建构行动所获得的建构快感与成就感，使其对建构有着强烈的要求。在网络社会中，个体能够较为容易地将建构意识落实为具体的社会行动。网络技术的发展在一定程度上改变了社会互动与社会行动的形式，使得青少年能够较为容易地采取社会行动，也能较多地看到自己所采取的社会行动所产生的效果。例如，青少年简单点击按键进行顶帖的行为，就是一种社会行动，而且这种社会行动具有一定的社会意义，能够产生一定的社会效果。在这种情况下，青少年的建构不仅仅是一种精神范畴，也能够较为轻易地发展为一种实体范畴。从这种实际的社会行动中，青少年能够感觉到自己建构的意义和价值，获得快感与成就感。就如一位研究者所描述的那样：在网络上，“帮助一个你不认识的人解决困难真的可以让其他人感受到你的存在"[①]。从其他人的反馈中，青少年能够获得有关建构的积极体验，进而对建构有着强烈的要求。

（二）教会建构：德育实践对建构的需求

社会对于建构的期待与个体对于建构的诉求作用于德育领域，给正在转型的德育带来诸多问题，解决这些问题，同样需要德育完成"教会建构"这一任务。

教会建构是提升德育实效性的重要途径之一。在道德教育过程中，当秉持"重构"社会规范观念的青少年参加以"再制"社会规范价值观念为指导的德育活动时，他们往往会表现出一定的对立情绪与行为。按照对立的剧烈性程度，青少年的对立可以分为消极抵抗与积极抵抗两种形式。所谓消极抵抗，指的是青少年并不与教育者发生直接的冲突。对于教育者的种种要求与教诲，青少年或者选择不闻不问，将教育者的话语置于一旁，按照自己的价值观念生活，或者选择"阳奉阴违"，在教育者能够看到或者监视的地方，青少年假装听从教育者的教诲，但是在实际生活中，依旧坚守自己的立场。所谓积极抵抗，指的是青少年与教育者发生直接、剧烈的冲突。在这种情况下，青少年往往因不满于教育者所传递的各种社会规范、提出的各种教育观念而与教育者发生言语上、肢体上的冲突，或者以自残、自杀等行为表达自己的不满。无论是何种形式的抵抗，它们都对德育效果产生了消极的影响。即，德育活动是青少年配合教育者所做的表演，甚至是教育者的独角戏。对于青少年而言，这些动用了大量资源、饱含教育者智慧的德育活动，并未对自己产生多少积极的影响。由此导致很多教育研究者与教育实践者意识到德育实效性较低这一问题。

不可否认，德育实效性较低是多个方面综合作用的结果，并非某一种因素所决定的。从青少年社会规范认同的转变来看，不合乎时代发展与青少年要求的德育目标是德育实效较低的重要原因所在。按照"再制"观念的基本要求，德育活动的目标是让青少年接受并遵从特

---

① 蔡文之. 网络传播革命：权力与规制[M]. 上海：上海人民出版社，2011：17.

定的社会规范。对于这一点，秉持“重构”观念的青少年是难以接受的。在他们看来，接受、遵从何种社会规范是自主决定的，而非外界强行赋予的。对于生活于建构的世界，并且有着强烈建构冲动的青少年来说，他们更希望德育活动引导自己如何进行相关建构。从这里可以看出：德育效果的提升，对于“建构”有着一定的需求。

教会建构可以在某种程度上防止青少年“误入歧途”，保证德育活动的正常开展。在前文中，本研究已经指出：在青少年社会规范的认同过程中，青少年往往因为对于自主性、个人主义等价值观念的理解与把握不到位，导致认同社会规范的过程中出现一些问题。更为直接地看，这些问题的出现在很大程度是青少年的建构态度与能力等不足导致的。无论从生理层面看还是从社会层面而言，青少年对于如何系统地建构，都缺乏一定理解与了解。从生理层面看，建构虽然是青少年的一种天性，但这并不意味着他们生来就能够系统地建构。作为外在知识，青少年需要一定的学习。例如，建构并非仅仅出自生物本能的不断破坏与“任意建构”[①]，而是需要在周全思考、慎重判断等基础上实现的。从社会层面看，建构虽是青少年自主发出的，但受到多种社会因素的影响，如何处理这些影响，需要青少年进行学习与思考。例如，如何正确理解个人主义，会在很大程度上影响青少年的建构态度与方向。

青少年建构态度与能力的不足，对德育活动产生了诸多挑战，影响着德育活动的正常开展。例如，青少年过分强调建构，导致德育活动的破碎化；青少年在建构中过分强调自主性，导致德育活动的虚无化等。为缓解诸如此类的问题，保证德育活动的正常开展，作为促进青少年“在道德价值的理解和实践能力等方面而不断建构和提升的教育活动”[②]，德育理应将提升青少年的建构能力作为自己的重要目标之一。

---

① 张建伟，孙燕青．建构性学习[M]．上海：上海教育出版社，2005：48.

② 檀传宝．学校道德教育原理[M]．北京：教育科学出版社，2000：6.

从上述分析可以看出：让青少年学会建构这一目标不仅仅是社会的期待、青少年的诉求，也关乎道德教育效果的良好程度甚至涉及道德教育活动能否顺利地开展。因此，相关主体应将“教会建构”视为德育活动的重要任务并提供相关条件、通过多种方式推动其完成。

二、建构多元表征并对青少年进行适宜引导

从表征的角度看，青少年的社会规范认同是在日常生活中，借助于各种各样的表征，通过自我选择、自我解读、自我塑造完成的。这看似是一个完全自主的“自我设计”过程，实质上却受到诸多外在因素的显性或隐性制约。如果试图影响青少年的社会规范认同，那么，德育工作者就需要在表征塑造及认同过程的环节上有所用力。同时，德育工作者需要为青少年的社会规范认同留出一定的自主空间，使其能够在拼贴的过程中，为社会注入新的发展可能。

（一）建构多元表征，为青少年社会规范认同提供丰富的材料

建构多元表征的重点在于“多元”，即性质、类型丰富的表征。之所以强调此点，主要有两个方面的原因：从消极层面看，建构多元表征是回应社会变化及青少年群体诉求的必要反应。随着社会由一元化渐趋多元化，表征的多元性也就是社会发展带来的客观变化。对于此，相关群体或机构不能也无法回避、否定。由此可见，建构多元表征首先是回应社会变化的一种必要措施。此外，各种形式不同、内涵各异的表征均获得一些青少年点赞、认可、运用，也在某种程度上体现出每一种性质的表征均可以吸引特定的青少年群体这一事实。如前文中指出的那样：在社会规范认同这一活动中，当前的青少年群体并非是完全同质的。整个青少年群体内部，也在很大程度上具有小群体的、质的差异性。相关群体或机构需要注意并回应此点。也正是因为这点，本书认为建构多元表征是回应青少年群体诉求的必要反应。从积极层面看，建构多元表征有助于相关群体或机构“抢占”社会规范传递的高地，在一定程度上避免青少年在无形中认同一些内含消极价

值观的规范体系。在当前这个社会中，我们无法控制青少年选择何种表征进行社会规范认同。此时，表征“库”中各种表征的数量及比例会影响他们的认同。具体言之，当青少年面对的表征多蕴含负面、消极价值观，那么，认同消极规范体系的青少年则可能会增多。与之相反，当青少年面对的表征多蕴含正面、积极价值观，那么，认同积极规范体系的青少年可能会增多。由此可见建构多元表征的必要性。

在建构多元表征方面，相关群体或机构至少可以采取以下两种策略：一是自主建构。相关群体或机构可以根据时代变化、青少年的实际情况等，自主或者委托其他机构，从成人立场、青少年立场、精英立场、草根立场、官方立场、民间立场等多个维度，建构能够蕴含、表现主流社会规范的各种表征。二是适当“收编”。青少年群体或相关主体，围绕着青少年的社会规范认同，可能生产出一系列的表征。其中，极有可能存在一批符合主流价值观念与规范体系的表征。对此，相关群体或机构可以予以适当“收编”。所谓“适当”，是指相关群体或机构没必要将其纳入自己所创建的表征体系，使其成为一个构成部分，而是通过各种方式彰显其价值。例如，以显性或隐性肯定、宣传的方式扩大其影响力，发挥这些表征的积极作用。

（二）适宜引导，在了解的基础上完善青少年的社会规范认同

在当前社会中，青少年的社会规范认同因其具有了自由选择与自主解读的可能性，愈发具有私人性。这可能压缩了“灌输”的空间，但并不意味着无法对青年进行教育引导。相关群体或机构至少可以注意以下两点：

第一，全面了解青少年在社会规范认同过程中对于表征的态度、观念及其反映出来的立场、想法等。立足于青少年对于表征的运用进行相应的引导，相关群体或机构则需要首先对此具有全面、清晰的了解。主要问题有：青少年喜欢哪些表征？青少年排斥哪些表征？原因是什么？喜欢或排斥的态度内在地体现了青少年的何种立场与哪些想法？等等。之所以强调“全面了解”，是为了避免一些可能的错误。

例如，有些青少年对《后浪》这一表征表示“不喜欢”。他们不喜欢的原因可能并非排斥“青少年精神”这一价值理念，而是排斥那种只呈现某个阶层的表现形式与看似尊重青少年实则“居高临下”的宣传立场。一些青少年如此评论《后浪》:

方向是挺好的，就是表达方式有点问题。注重的应该是努力拼搏奋斗的点，而不是展现生活。应该宣扬的是努力奋斗、积极向上，生活就会好起来，而不是UP主（指在视频网站、论坛、FTP站点上传视频、音频文件的人）有多么光鲜亮丽的剪影作为映衬。你要知道每个人的起点是不同的，有的人努力拼搏一生，再怎么积极、阳光、向上，可能都到不了这种生活，人和人的起点包括机遇运气都是不同的。

因为方向侧重于展现生活，这句原话是你所热爱的就是你的生活，你品，你细品，真的是吗？你热爱的UP主所展现出来的真的就是你的生活吗？所以很容易产生年轻人达到和他们一样的消费程度就会有他们的生活的想法，最终肤浅地落在物质上了。小人同而不和，君子和而不同，如果拿这句话真正套用起来总有些阴阳怪气，有些过于魔幻现实，具体到B站（国内一个视频网站）各种圈和大二次元，总觉得哪里不对又不好说什么，希望能统一一下各种圈子做到和而不同，希望人人如君子和而不同吧。

如果对此缺乏全面了解与分析，引导者则可能在引导过程中出现一些失误。

第二，相关群体或机构应该尽可能地完善青少年的社会规范认同过程。青少年拥有自己的社会规范认同方式与过程，但是这并不意味着他们的方式与过程是完全正确、合理的。此外，部分青少年在社会规范认同中出现问题，他们并非天然地站在了错误的立场与价值体系上。有些时候，青少年可能是在社会规范认同方式、过程等方面出现了问题。例如，社会规范认同可能会经历一个螺旋上升、否定之否定的过程。在这一过程中，青少年无法一帆风顺，可能会经历很多矛盾、难题，情绪上可能会面临一些紧张、冲突。一些青少年可能因此而在认同的材料选择、解读以及具体方式的处理上出现一些问题。引导者需要注意到此点，并尽可能地引导他们不断完善自己的认同过程与方式。

三、对青少年进行全面的网络素养教育

青少年在社会规范认同过程中可能出现的一些问题，与网络对于青少年的控制、束缚尤其是隐性束缚密切相关。例如，青少年社会规范认同的盲目性，表面上看是由于青少年对于网络媒介的认识与利用不到位造成的，实质上是网络的隐性束缚导致的。因而，相关主体需要对青少年进行全面的、针对性的网络素养教育，帮助学生意识到并有能力走出网络的隐性束缚，进而发展出健康的社会规范认同。

（一）让青少年了解信息的意识形态性并具备综合使用的能力

第一，德育工作者应该让青少年感知到意识形态对于信息的影响，并帮助其了解影响的基本方式。在破解意识形态所造成的隐性束缚方面，青少年具备合理的警惕意识是重要的前提。所谓对于信息的合理警惕意识，指的是个体能够充分意识到各种意识形态对于信息的影响，但是不会因为意识形态的影响而对各种信息做出不恰当的否定、瓦解。在培育这一意识之后，德育工作者还需要帮助学生了解意识形态影响信息的基本方式。即，青少年需要具体了解：意识形态是通过何种基本策略、具体手段等影响信息的。在德育活动中，德育工作者可以通过让青少年分析具体信息或者模拟形成特定信息等方式，让青少年感知意识形态对于信息的影响，了解影响的基本方式。例如，德育工作者可以搜集关于同一件事情的不同新闻报道，或者让青少年扮演不同角色描述或报道某一件事情/产品，并引导他们思考：各种信息所采访的人群、使用的图片、词语、叙述方式等有何差异，这种差异与特定媒体所处的位置、秉持的政治/商业取向有何关系，等等。在这个方面，我国东部地区的一些媒介素养教材设计了这样一次课程：将学生分为不同的记者小组，给学生提供关于某一事件

的诸多材料，让每个小组根据其不同的宗旨与方向撰写新闻稿，并互相交流，使学生在这个过程中感受各种价值立场、观念对新闻撰写的影响。

第二，德育工作者需要让青少年树立、具备综合使用信息的意识与能力。综合使用信息是指个体在认识、处理某一事件时，多方获取、灵活处理、不断生成的一个完整过程。在教育活动里，德育工作者可以通过讲解相应的内容体系、引导青少年具体处理信息等方式，培养青少年综合使用信息的意识及能力。在内容体系的讲解方面，德育工作者需要较为全面地讲授信息使用方面的知识体系，如信息综合使用的意义与价值、信息的主要类型、信息检索的系统、信息检索的基本方式与主要路径、信息归纳的原则、信息分析的步骤及注意事项、信息生成的手段及方式等。在引导青少年具体处理信息方面，德育工作者可以就某一特定事件，指导青少年进行信息搜索、整理、分析及合成，并根据青少年在这一过程中所产生的困惑、体现的不足，予以针对性的教育教学。

（二）引导青少年了解微观权力并不断培养其“自觉的个性”

第一，德育工作者需要引导青少年了解网络中微观权力的存在及其基本的运作策略。按照法国社会学家福柯的观点，权力可以分为两种类型：一种权力与军队、警察、监狱等暴力机关密切相连，它往往通过显性的、直接的、强硬的方式控制人们。另一种权力则与之不同，它并不必然地与暴力机关发生联系，但仍然具有控制作用。它往往运用较为隐性的、间接的、渗透的方式引导并控制人们。如果前者可以称之为“宏观权力”的话，那么，后者则可以被称作“微观权力”。[①] 由此，微观权力是主导网络中群体互动的主要权力类型。此外，在指出社会中存在着微观权力之后，福柯进一步强调：人们不仅要研究谁握有权力，还应该对权力的策略进行探究。所谓权力的策

---

① 于海．西方社会思想史[M]．上海：复旦大学出版社，2016：398-401．

略，指的是权力是如何实现其目标的。[①]

在教育活动中，德育工作者可以聚焦于“话语权的掌握者”“网络群体的互动是如何影响个体/社会/观念的”等主题，选取典型的网络案例，让青少年在阅读、分析这些案例的过程中感知微观权力的存在、总结微观权力的运作方式及策略等。在新闻传播过程中，议题设置非常重要。它在很大程度上决定着社会大众关心哪些问题，以及如何思考相关的问题。[②]从这个角度出发，德育工作者可以选取一些新闻、舆论，引导青少年讨论：在一些网络热点、舆论的形成过程中，其中扮演关键角色的机构、个体采取了哪些行为（如一些公众人物仅转发某些言论或观点，而回避另外一些报道或事实）；在一些网络讨论中，一些试图主导讨论方向的人采取了哪些策略；等等。

第二，德育工作者需要不断提升青少年之“自觉的个性”。著名社会心理学家勒庞在分析个体与群体的关系时，认为：“自觉的个性”是个体的一种重要心理特征，较为容易受到群体心理的影响，甚至消失。[③]根据勒庞的叙述，“自觉的个性”可以总结为：个体因自身的经历、所处的环境、与他人的互动等原因形成的一种独特的、专属于个体的自我认知、自我判断、自我选择的心性品质。它包括意识、意志、能力等诸多层面。在勒庞看来，这种“自觉的个性”有助于个体在群体中自由且有意识地生活。原因是：社会组织就像一切生命有机体一样复杂，我们还不具备强迫他们在突然之间发生深刻变革的智力。[④]在这种情况下，“自觉的个性”可以在一定程度上防止个体受到集体的控制，使得个体能够理性、自如地参与群体，并在群体中较为健康地生活。

在当前的教育教学生活中，德育工作者在尊重、挖掘青少年的自

---

① 于海．西方社会思想史[M]．上海：复旦大学出版社，2016：401．

② 丹尼斯·麦奎尔．受众分析[M]．刘燕南，等，译．北京：中国人民大学出版社，2017：12-13．

③ 古斯塔夫·勒庞．乌合之众[M]．冯克利，译．北京：中央编译出版社，2005：11．

④ 古斯塔夫·勒庞．乌合之众[M]．冯克利，译．北京：中央编译出版社，2005：3．

我意识、培养其独立精神等方面，已经进行了一些工作。为更好地应对网络社会中群体互动对于青少年的影响，德育工作者需要着眼于并紧紧把握“个体如何在群体互动的影响下具备自我”这一命题，从群体互动的层面引导青少年重新看待群体对于自我个性的影响，并通过具体的案例分析、讨论、实践锻炼等形式，对青少年进行引导、教育、提升。例如，德育工作者可以向青少年呈现网络中群体互动对于个体影响的具体事件，使其意识到“自觉的个性”的意义，进而形成相关的意识；教育者可以根据群体互动的策略，提出个体躲避群体影响的手段，并传授给青少年，使其具备自我判断的能力；教育者还可以根据实际的案例或者日常锻炼，向青少年呈现“勇气”在“自觉的个性”中的位置，并予以培养、磨炼。

（三）让青少年警醒技术控制方式并具备一定的回应能力

第一，德育工作者需要引导青少年感知网络技术的控制，并让他们对此有所警醒。这更多的是理念层面的策略。海德格尔认为，在促使人们走出技术的驱使方面，我们首先要提醒人们认识到现代技术的“座架”本质。[①] 这是由于：拯救乃植根于并发育于技术本质之中，当危险开始被人们意识到的时候，也就意味着拯救的可能到来。

在这方面，德育工作者应该首先让青少年对网络技术的“座架”本质有着较为清晰的意识，并对网络技术的控制作用有所警醒。这是青少年得以拯救的前提，也是其走出“隐性束缚”状态的重要条件。在这个方面，德育工作者可以聚焦于“媒介与个体或社会”的关系，呈现媒介尤其是不同媒介对于社会所产生的影响，让青少年认识到各种媒介的“座架”本质，进而意识到网络技术的“座架”本质及其影响。例如，德育工作者可以选取报纸、电视、网络这三种传播媒介，根据已有的材料，梳理各种媒介的特性及其对个体生活所发挥的具体影响、改变，让青少年更为感性地了解网络技术可能产生的控制。

第二，德育工作者需要让青少年对网络技术的控制方式有所认识，并

---

① 刘英杰．作为意识形态的科学技术[M]．北京：商务印书馆，2011：56．

对其中的一些经常出现的控制方式有一定的回应能力。这更多的是实践层面的措施。媒介之所以能够影响人们对于世界、他人的认识，是由于“每一种媒介都有自己的文本建构规则，并以自己特有的方式梳理和呈现事实”[①]。事实上，媒介对个体认知信息的方式并不止于此。从更为深入的层面讲，它通过重新形塑个体的思维方式、感知世界的形式来影响人们对于信息的认识。因此，“麦克卢汉一次次地强调，研究媒介技术以何种方式塑造人的理解和感知，这是媒介研究最为重要的理论研究议题”[②]。

为了缓解或者避免网络技术所产生的消极影响，德育工作者需要让青少年具体了解并理解网络技术控制个体的基本特征、主要方式等，并就青少年所需要的相应能力进行培养。一般情况下，网络技术的各种“规则”及其影响，更多地体现在网络技术的诸多功能上，并且借助这些功能发挥作用。因此，德育工作者可以聚焦于网络技术的一些常见、常用功能，分析其如何对人们的生活产生影响，以及如何控制个体。例如，当前网络的“用户定制”功能在日常生活中发挥着重要作用。在这一功能的影响下，个体所接触的信息，更多的是源于个体自己的价值倾向、网页浏览习惯等。换言之，个体所接触的世界，是网络技术依据用户个体的习惯而形成的。这一方面可能有助于个体增强自身对于这个世界的理解与认同，另一方面，个体则极有可能固守在这个世界中而不自知，理直气壮地“回避”了其他多种可能。在上述分析、讲解的基础上，德育工作者需要寻找相关的回应策略，并传递给青少年，让他们具有化解网络技术控制的基本方式、策略等。

四、厘定德育内容的适宜边界

一般情况下，“德育内容是指德育活动所要传授的具体道德价值

① 宋小卫．西方学者论媒介素养教育[J]．国际新闻界，2000，4．

② 张艳秋．理解媒介素养：起源、范式与路径[M]．北京：人民出版社，2012：12．

与道德规范及其体系”[①]。青少年道德水平的发展，不仅受到具体内容的制约，还受到其编排方式的影响。这一影响，主要是通过左右青少年对德育内容的具体理解、把握等实现的。考虑到网络社会中的青少年面对社会规范时具有较大的自决能力，相关主体应厘定德育内容的适宜边界。

（一）避免精细与虚无：德育具体内容的边界

对于德育的具体内容而言，确立适宜边界的德育内容编排指的是德育内容既不可过于精细化，又不能因避免精细化而走向虚无化的极端。

一方面，德育内容应避免过于精细。德育内容上设计的精细化原则，表现在有关社会规范的引导方面，是指德育内容制定者遵循着翔实、细致的思路，收集具体的社会规范作为德育内容，进而对青少年进行道德教育。表面上看，德育内容制定者为青少年的各种行为提供了一个非常周全的框架与体系，体现出成人的“用心良苦”以及对于青少年的关心和照顾。可恰恰是这种劳心费力和某种程度上“一厢情愿”的照顾，反映出德育内容制定者的内在假设。从个体角度来看，这一原则是将青少年假设为“幼稚的儿童”。成人之所以制定如此严谨、周密的社会规范体系，正是考虑到儿童较为幼稚。即，“儿童”们不谙世事，也不懂得应该如何发出具体的行为。即使能够生成一些行为，这些行为也可能是错误的。因此，对于这些孩子，成人需要进行规划与安排。就像保护正在蹒跚学步的儿童一样，成人需要为儿童购置一辆儿童车，并放在正确的道路上。在这种情况下，成人世界为这些“儿童”构建了一整套社会规范体系并使他们学习之，青少年依循这种体系发出具体的社会行为即可。这种原则实质上有着将青少年“物化”的倾向，它视个体为接受训诫或者进行自我训诫的“工具”。在这种价值假设里，个体被视为无感情、无偏好、无差异的“物品”。

在网络社会中，随着个体意识的不断觉醒，“我”已经出现并日

① 檀传宝. 学校道德教育原理[M]. 北京：教育科学出版社，2000：92.

益成长起来。具体到道德教育活动上，“我”成为自我道德成长的主宰者，能够对自己负责。即，无论从生理层面、心理层面还是社会层面，“我”可能仍然是一个儿童。但是，我不再是“幼稚”的，而是不断成长的、具有自主意识的儿童。在道德成长的过程中，由于正在成长，因而“我”仍然需要成人社会为我提供一些内容，对我进行引导。但是“我”是具有自主意识的儿童，所以德育内容的安排不能面面俱到、细致入微。换言之，发出何种具体行为、如何发出具体的行为、怎样进行生活，是“我”“自主”决定的，不需要外界的计划。可以说，“我”所需要的是“指点”，而不是“指指点点”。

一方面，德育内容应避免走向虚无。确立适宜边界的德育内容编排指的是成人在对青少年进行社会规范的教育时，需要为青少年留出一定的空间。但是这种空间的留存不能是无限的。换言之，德育内容不能是虚无的。在价值澄清理论看来，“面对如此众多的选择，儿童也许感到无所适从，但是相反，他所承受的就是这种混乱”[①]。在处理这种无所适从和混乱的时候，仅仅进行价值观教育难以产生很大的作用。教育者所需要做的是引导青少年对社会生活中的价值观念进行澄清，并最终确定其所遵从的价值观念。价值澄清过程主要有三个：选择、珍视和行动。[②] 在整个过程中，青少年可以自由选择各种价值观念，并内化之。由此可见，这一理论的关注点并不在具体内容，而是在如何选择内容上。“价值澄清模式与其说涉及的是一个人信仰什么，不如说涉及的是他怎样去信仰”[③]。在美国教育界中，价值澄清理论一度风靡，最终归于一般状态。之所以如此，原因在于它允许青少年自主选择各种价值观念，因此最终未能解决其所准备解决的价值冲突与混乱问题。由此可见，如果德育内容虚无的话，德育活动可能很难完

---

① 路易斯·拉思斯. 价值与教学[M]. 谭松贤，译. 杭州：浙江教育出版社，2003：16.

② 路易斯·拉思斯. 价值与教学[M]. 谭松贤，译. 杭州：浙江教育出版社，2003：27.

③ 理查德·哈什，约翰·米勒，格林·菲尔丁. 德育教育模式[M]. 傅维利，王念泉，董畹倩，译. 北京：学术期刊出版社，1989：22.

成其应该完成的任务。

留出空间的行为，也可以说是一种留白的艺术。所谓“留白”，是国画中的一种构图技巧。它是指画家在画画时故意留出空白，使其与笔墨相互作用，从而产生无尽意蕴的艺术形式。留白为观画者留出了想象的空间，引人无穷地遐想，往往能够达到“此时无声胜有声”的效果。从艺术中的基本意蕴来看，留白并非全白，有无之间的互动才能带来更好的效果。例如，在选择有关社会规范的内容时，可以选择社会规范背后的价值理念而不选择具体的社会规范，使既有的价值理念与青少年的社会规范建构发生互动；在编排社会规范的内容时，可以有一定引导内容的存在，但是做到“引而不发”，造成一种“余音绕梁”的效果，使青少年具有思考的机会。这种选择与编排，将更有助于青少年的道德成长。也正是源于此，德育内容不能走向虚无。在设计社会规范教育的内容时，走向“粗”而“不虚无”的可能路径。

（二）避免浅表与泛滥：德育内容安排的边界

在德育内容的安排上，确立适宜边界的课程编排体现为德育课程内容的安排既要避免浅表，又要避免泛滥。

一方面，德育课程的编排需要注意避免浅表化。在德育过程中，教育者已经对青少年进行了诸多方面的教育。但是在社会规范认同过程中，一些青少年即使接受了相关的教育，仍然存在一定的问题。例如，青少年接受了“权利”“责任”方面的教育，但是在社会规范认同过程中依然表现出“私利性”的倾向。这种现象之所以出现，重要原因之一是现有的德育内容编排过于浅表化，导致青少年习惯于从字面上、“过于主观”地理解某些概念、理念。正如阎云翔指出的那样：“（当代中国）不管在精英群体还是普罗大众那里，个人主义总是被理解为一种自我中心主义，其表现包括自私、不合群、功利主义、毫不考虑别人的权利和利益。”① 在这种情况下，德育工作者在进行德育内容编排时，需要注意避免浅表化。

① 阎云翔．中国社会的个体化[M]．陆洋，译．上海：上海译文出版社，2016：18．

具体而言，德育工作者首先要给青少年传递完整而非片面的知识。例如，按照权责体系的相关理念，个体不仅可以主张、维护自己的权益，还需要诸多的自我付出，履行应有之责。为做到这一点，德育工作者应该对个体的责任、义务、自主自立等方面的内容进行充分的挖掘与归纳，并积极主动地呈现、传递给青少年。此外，德育工作者需要培养学生的相关能力。例如，青少年虽然了解个体权利与他人权利、集体权利的关系，但是，他们面对个体权利与其他权利的冲突时，却不知道如何处理各种权利之间的矛盾，无法在不同主体的权利之间掌握一种平衡。再如，青少年可能具有参与集体并为集体的发展贡献力量的意识与意愿，但是却找不到一个良好的途径与方式，因而表现出对于群体的冷漠。在这种情况下，德育工作者需要对青少年进行相关能力方面的教育与引导。

一方面，德育内容的编排要注意避免泛滥。德育活动是具有明确指向的教育活动，这也就意味着德育内容应当具有一定边界，保持其专业性。如果为了满足社会或者青少年发展的需要，盲目地添加一些内容，将会在很大程度上损害德育课程的专业性。这种饮鸩止渴式做法给我们的提醒是：德育内容安排的“粗”并不意味着将那些能够促进学生道德成长的内容均安排在德育课程里，而是需要树立一种宽广的视野，充分运用学科课程，将相关内容分散在学科课程之中。

正如许多研究者指出的那样：德育并不仅仅是某一个特定机构（如德育处）或者一个特定群体（如班主任）的事情，而是需要动员学校所有人员的积极性，全员对学生进行道德教育工作。与此类似，承担德育任务的课程并不仅限于德育课程，而应涉及诸多课程。具体言之，从课程的专属性上看，除专门的德育课程外，其他学科课程也负有对学生进行德育的任务。从课程的类型上看，在学科课程之外，学校里的其他课程形式（如活动课程）也具有一定的德育意义与功能。因此，我们要将一些内容分散到学科课程当中。例如，权利意识方面的教育可以通过政治课程讲授，媒介素养方面的内容可以渗透到语文、活动课程中。

五、促使“建立意义连接”这一要素进入德育过程

作为社会化手段之一的德育，它的重要功能之一是促使个体进入合适的社会位置，为社会所认可。这一功能的实现，使得德育在无形中发挥了另外一个功能：助力整个社会的统合与有序发展。无论如何强调德育的个体性层面，都不能无视或者否认德育的社会性层面。一般情况下，德育功能主要是通过德育过程具体实现的。随着青少年社会规范认同的变化，德育过程若想促使德育社会性功能的实现，则需要做出一定的转变——将“建立意义连接”这一要素增加到德育过程中。

（一）传递表征与规范：一种受到冲击的德育过程构成要素

传递特定表征、社会规范（如传递特定的榜样人物、特定的行为标准等）是当前德育过程中的重要因素。这种要素作用于青少年，进而产生社会整合功能，需要特定的社会基础。

在《规训与惩罚》的开篇，福柯不厌其烦地引用相关文献，描绘了一个因谋刺国王而被判处“在巴黎教堂大门前公开认罪”的人受到刑罚的全过程。这一“作为一种公共景观的酷刑”①，在历史发展过程中并不少见。惩罚者之所以使用这种惩罚形式，不仅仅是惩罚那位触犯相关法律条文的人，更是为了“杀鸡儆猴”、震慑众人。雅内（M.Janet）曾指出：惩罚的功能之一是“确保法律得以执行”②。可以说，惩罚的存在，迫使人们遵守特定的法律条文。更为宽泛地讲，它迫使人们遵守特定的社会规范。这种惩罚形式后因种种原因被废除掉，可是它的消失并不意味着惩罚的消失。将罪犯关进监狱等惩罚形式逐渐兴起，继续发挥着制约社会成员的作用。按照福柯的基本观

① 米歇尔·福柯. 规训与惩罚[M]. 刘北成，杨远婴，译. 北京：生活·读书·新知三联书店，2003：7.

② 埃米尔·涂尔干. 道德教育[M]. 陈光金，沈杰，朱谐汉，译. 上海：上海人民出版社，2006：121.

点，惩罚形式转变但其制约效果不变的主要原因在于惩罚形式是一种策略，它是“惩罚权力”[①]的具体组织与运用。换言之，社会规范的权威性是由惩罚权力所保证的。由此可以推断：社会规范的运行是与权力密切相关的。一般情况下，社会规范背后的权力是其得到人们认可，尤其是无条件认可的重要保障。

如果一种社会规范能够得到社会主导权力体系的强力支撑，它往往会处于“一家独大”的状态。对于社会而言，这种状态有助于整个社会整合。社会规范的“一家独大”，为整个社会构筑了一套价值体系和行为模式。每个社会成员基本上都需要按照这一规范的要求开展行动，这无疑有利于社会的整合。对于个体而言，个体接受这种规范基本上是一种必然现象。由于具有强有力的社会权力及与此相应的惩罚体系，个体必须接受这一规范，无论这种接受是一种“不得不”的行为还是一种自愿行为。受益于这两个方面，作为社会系统的一个有机构成部分，德育所传递的社会规范，可以为青少年所接受，进而实现了社会整合。由此可见，传递表征与规范能够形成社会整合的重要社会基础是某种社会规范的“一家独大”。网络社会是一个权力多元且多种权力较为均衡的社会，在这种社会类型中，几乎任何一种权力体系都难以占据社会的核心位置。相应地，某种社会规范“一家独大”的状态也就很难出现。受到这种状态的影响，德育无论传递何种表征与社会规范，都会遭到部分社会成员的质疑甚至反对。自然而然地，德育也就很难通过传递表征与社会规范的方式实现社会整合。

（二）意义连接：网络社会中一种实现社会整合的重要方式

一般认为，“意义是人对现实世界打上的烙印”[②]。这一定义虽然并非最为权威、最为准确，但是其揭示出意义的本质特征：意义是个体

① 米歇尔·福柯．规训与惩罚[M]．刘北成，杨远婴，译．北京：生活·读书·新知三联书店，2003：87.

② 师曾志，胡泳，等．新媒介赋权及意义互联网的兴起[M]．北京：社会科学文献出版社，2014：141.

主观生成的。对于个体而言，几乎任何一件事物都是由两个方面构成的：一方面是社会客观存在，另一方面则是个体对于这件事物的具体感知、理解等。王阳明的那句“你未看此花时，此花与汝心同归于寂。你来看此花时，则此花颜色一时明白起来”生动地表达了这一点。在社会生活中，各种连接的建立也许很难通过相异的客观之物实现，却极有可能借助于意义穿越多重障碍，建立有效连接。心理学上的“移情”（也称“共情”）概念能说明这一点。一般情况下，“心理学家们以两种方式来界定移情：（1）移情是对另一个人的内在状态的认知觉察，内在状态是指他的思想、感受、知觉和意图；（2）移情是对另一个人产生同感的情感反应。”① 对于移情的产生而言，这两种方面是难以截然分开的。在某种程度上可以说，感受他人的内在状态是个体产生同感的重要基础所在。之所以强调“同感”，是由于移情建立的隐含前提为“陌生主体及其体验行为”②。由此可见，移情强调的并非具体经历的一致或相似，而是注重情感上的共通。换言之，个体之间的交流并不是依靠个体具体经历实现的，而是依赖于两者的共同情感。由此可见，主观情感，可以成为连接个体的锁链。意义，作为个体的主观产物，同样可以借助于个体不同的具体经历所生成。这些生成的意义之间可能存在着诸多不同之处，但是由于其涉及个体的生命、情感等状态，往往能够引起人们的移情状态、触及个体心灵等，进而促进相互理解与包容。从这个意义上讲，它也具有连接作用。它所连接的并不限于个体与个体，还涉及个体与其他外在事物。也正是这种连接作用，使得其成为在网络社会中实现社会整合的一种重要方式。

一方面，意义的连接作用可以实现个体与个体之间的互联，进而促进社会整合。虽然社会成员之间遵守的社会规范不同，但是人们可以通过意义建立基本的联系，在相互理解、相互包容的基础上不断建

---

① 马丁·L. 霍夫曼. 移情与道德发展[M]. 杨韶刚，万明，译. 哈尔滨：黑龙江人民出版社，2003：34.

② 艾迪特·施泰因. 论移情问题 [M]. 张浩军，译. 上海：华东师范大学出版社，2014：23.

立共同体，从而实现社会的整合。另一方面，意义的连接作用可以更好地促进个体对于社会规范的认同，进而实现社会整合。在诺丁斯看来，真正的关怀关系可以表述为：A 识别 B 的需要并发出关怀行为，B 接受到 A 的关怀行为并予以确认和反馈。[①] 在这个过程中，A 的行为与 B 的心灵产生了意义上的连接是至关重要的一步。同样地，在青少年的社会规范认同中，将社会规范与个体建立意义连接，激发个体的意义体验，有助于认同的最终实现。综上，德育活动为了更好地发挥其社会整合作用，需要将“建立意义连接”这一要素增加到德育过程之中。

为增强青少年之间的情感共通，促使其在意义连接中实现社会整合，德育工作者可以从两个方面开展工作。从具体活动上看，德育工作者可开展类型多样的团体活动，为青少年积累共通经验，并使之形成相似的意义体验。例如，德育工作者可以组织诸多仪式性的活动（如升旗活动、成人礼活动等），让青少年在神圣的仪式中获得共同的经验，并在此基础上形成个体与集体、与整个社会紧密相连的意义体验。德育工作者亦可以举办一些娱乐性活动（如学生狂欢节），使得青少年在这些活动中体味“同学之情”，并以此生成个体之间紧密相连的意义感受。总之，德育工作者可以通过组织具体活动，让青少年获得共通的经验及相似的意义体验。从传递的观念上看，德育工作可以向学生传递“共同利益”的价值观念。共同利益强调“内在的共同性”。具体言之，它“既不是个人受益，也不是狭隘的善意”，它认为“重要的不仅是个人的‘好日子’，人类共同拥有美好生活也很重要”[②]。从这些话语中，我们可以看出“共同利益”的一些基本特征：在着眼点上，共同利益强调“人类”的福祉，而非某个特定“共同体”

---

① 内尔·诺丁斯．学会关心——教育的另一种模式[M]．于天龙，译．北京：教育科学出版社，2003：24–25．

② 联合国教科文组织．反思教育：向“全球共同利益”的理念转变？[M]．北京：教育科学出版社，2017：70．

的前途。这种对于人类的强调使得整个社会的“不确定”显得微不足道。在落脚点上，共同利益强调的是全体受益，而非单纯个体受益。这可以让个体的视野从自我方面适当地转移到人类共同体方面，无形中增强个体对于人类生命共同体的体味与思考，进而思考自我的义务与责任。因此，德育工作者需要在德育活动中强调共同利益的观念，让学生体味生命共同体的存在。

需要强调的是，面对网络社会中青少年社会规范认同所发生的改变，德育更多需要的是一种变革，而不是革命性的颠覆。在变革的过程中，德育不是仅仅增加一些要素，反而要适当地减少要素，以更适宜青少年与社会的发展。

梁漱溟先生在《东西文化及其哲学》中曾经说过一段意味深长的话：“我们不待有我就去讲无我、不待个性伸展就去讲屈己让人，所以至今也未得从种种威权底下解放出来。”[①] 这句话的启示意义在于：在网络社会中，德育变革虽然要把握“赋”与“缚”这两个维度，但在具体处理的过程中则需要考虑我国的实际状况。如果不能平衡“赋”与“缚”的关系，那么当前德育需要注重且首先要做的是“赋权”而非“缚权”。

① 孙抱弘．从“人”到“好人”——公共生活与青少年品德养成[M]．哈尔滨：黑龙江教育出版社，2013：284-285．

结 语

青少年的社会规范认同是青少年社会化的重要组成部分。众所周知，青少年社会化指的是青少年寻求合适的社会位置以及融入社会的过程。依据这一思路，探寻网络社会中青少年的社会规范认同，实质上是在追问网络社会中青少年如何融入社会这一重要问题。前文中关于网络社会中青少年社会规范认同的分析表明：在网络社会中，青少年融入社会不再是通过简单地改变自我、接受既有社会规范的改造实现的，而是在建构一种新的社会化立场、观念与方式的基础中达成的。这一过程在很大程度上可以借用人类学概念“拼贴”（bricolage）予以形象地概括说明。

“拼贴”指的是那些所谓的既没有读写能力，也没有专门技术的“原始人”对周围世界的回应方式，这个过程包含一种“具体科学”（和我们“文明的”“抽象的”科学相对立）。这种科学绝非缺乏逻辑，事实上，它以一套和我们截然不同的“逻辑”，仔细而精确地将丰富多彩的物质世界的一分一毫加以整理、分类、定位。这些“即兴的拼凑”或者拼凑（made up）的结构（这些是拼贴的过程的大体描述），作为对环境的特别回应，被用来在自然秩序与社会秩序之间建立起同构（homologies）和相类似的关系，从而可以令人信服地“解释”世界，并得以在其中安身立命。①

从“拼贴”的基本内涵中可以看出，拼贴有两个要点：一是按照特定逻辑对“材料”进行整理归类，生成一种结构；二是生成的结构可以自圆其说，能回应特定环境。网络社会中青少年的社会规范认同内在地遵循着这两个要点的基本精神。首先，对于网络社会中的青少

---

① 迪克·赫伯迪格．亚文化：风格的意义[M]．陆道夫，胡疆锋，译．北京：北京大学出版社，2009：129．

年而言，选择甚至创造适宜的社会规范是认同的首要步骤。一般情况下，他们按照自己对于世界、社会以及社会规范的理解与看法，对选择、编排甚至重新组合既有的社会存在，逐渐生成一套较为适合自我的社会规范体系。其次，网络社会中青少年生成的社会规范具有自身的合法性，并能够与既有社会规范相联系。在生成一套新的社会规范之后，青少年往往运用各种方式、材料来论证其合法性。在此基础上，青少年通过或柔性或刚性的方式为这一套规范谋求特定的社会位置，与既有的社会秩序建立特定联系。与“原始人”的拼贴有所差异的是，青少年在社会规范认同方面进行“拼贴”时所运用的材料主要是社会性质的。与此同时，他们生成的社会规范体系是一种新的社会秩序。因此，与既有社会秩序相联系的是一种新的社会秩序，而非自然秩序。基于这样的状况，本研究将青少年在社会规范认同方面所进行的拼贴总结为“社会拼贴”。在社会拼贴的过程中，网络社会给予了青少年极大的自主性与能动性，使他们能够根据自己的兴趣、利益、需要等自由地运用相关材料，建构出符合自我的社会化价值立场与具体路径。因此，青少年的社会拼贴是自我设计而成的。

为顺应网络社会中青少年融入社会方式的变化，青少年社会化的立场需要发生一定转变。当前“社会化”的立场实际上是一种“成年人”立场。这主要有以下两个方面的表现。第一，青少年的社会化是具有未来导向的。在这种观念里，青少年时期是个体成长的一段过渡时期、一个准备阶段，青少年并不具有参与成人社会的能力和资格。青少年的社会化关注的是青少年如何尽快地走过这个阶段、青少年未来会扮演什么社会角色以及这种社会角色的贡献是什么。由此可见，当前社会化观念关注的是青少年的未来。第二，青少年的社会化是以成人之间的交际能力为基础的。在一些符号互动论者（如 G.H. 米德）看来，社会化过程“是个体试图成为群体成员时所进行的一种谈判协商”[1]。即，通过谈判协商——也就是一种成熟的交际能力，青少年与成人社会建立一种密切的联系，进而成为一个社会人，融入社会。由此可见，这一看法暗含的基本观点是：青少年社会化的重要起点是其成熟的交际能力。这种交际能力往往是成人所拥有的，也是成人社会所需要的，是对成人的一种要求与期待。

在社会规范认同过程中，网络社会中的青少年表现出即时参与、自主改造的特点。因此，社会化的立场应该由“成年人”立场逐渐转变为“青少年”立场。社会化的青少年立场有两个基本要点。一是承认青少年时期的独立性。即，青少年时期并不仅仅是一个过渡时期，它也是一个相对独立的人生阶段。在这个阶段，青少年具备一定的参与成人社会的基础，甚至能参与、改造社会。二是树立多元化视角。如同成人所生存的社会环境一样，青少年所创造的各种社会环境同样具有合法性。青少年社会化并非是青少年抛却自己的社会环境，接受成人的社会环境，而是为自己所创造的社会环境寻求合适社会位置的过程。因此，社会化意味着应当树立多元化视角，尊重并承认青少年所创造的社会环境。作为社会化重要手段的学校教育，尤其是德育，也应当坚持“青少年”立场，将青少年作为一个独立、能动且有独特生活环境的个体进行引导。

由上文中的论述可以看出，青少年的社会化并非由某一代（成年人或青少年）所决定，它是在青少年与成人的互动过程中完成的。因此，与青少年社会化相伴随的重要问题之一是代际关系问题。代际关系问题是一个亘古而又常新的问题。说其亘古，是由于它存在于各个社会发展阶段与各个社会形态中。说它常新，则是因为它是几乎在任何一个社会发展阶段都会出现新的问题。如果说在很长一段历史时期里，青少年受到成人的控制，从而产生了诸多问题，使诸如鲁迅等人

① 威廉·A. 科萨罗. 童年社会学（第二版）[M]. 程福财，等，译. 上海：上海社会科学院出版社，2014：21.

发出“救救孩子”这种呐喊的话。那么，在网络社会中，这种呐喊并非完全过时。当前“救救孩子”并非仅仅指成人在形式上释放、尊重青少年的主体性，还要成人真诚地与青少年的主体性发生互动，珍视学生最初的主体意识。正如一些研究者提醒我们的那样：“我们今天听到的无数关于年轻一代如何冷漠、缺乏参与意识甚或干脆拒绝成人世界的抱怨，实际上都不过是年长一代以同样的虚假方式与年轻一代互动的必然结果。孩子们或年轻一代并非不愿参与，他们只是用一种独特的方式对年长一代的虚伪与做作做出了自己的回答。我们这些成年人没有意识到，今天你用虚假的方式‘分享’了年轻一代的‘青春’，但也因此会彻底丧失自己的未来。”①

网络社会中的人们在关注这一问题的同时，还需要关注青少年社会化给成人所带来的种种不适。由于青少年的建构能力较强、接受能力较快等原因，青少年社会化过程中所产生的问题已不仅仅作用于青少年自身，还使得成人也在承担或经历着青少年社会化所带来的一些问题或不适。这或许能够让我们模仿鲁迅先生“救救孩子”的呐喊，发出“理解成人”的呼吁。

首先，理解成人所拥有的社会价值观念、行为规范与行为方式。从青少年的角度看，正是成人所拥有的价值观念等与青少年不同，引发出成人与青少年之间的矛盾。对于这些价值观念，一些青少年表示不屑，甚至有“除之而后快”的感觉。可是对于这样一套价值观念、生存方式的产生环境与社会价值，青少年很少作出思考。本研究认为，青少年应该如同他们的长者一样，具有一定的宽容心：“理解”。理解这些价值观念等对于成人的价值与意义。

其次，理解成人的理解和接受能力。对于新的价值观念，青少年能够较快地理解与接受，可是对于成人而言却未必如此。青少年与成人之间的一些冲突，在某些情况下并非成人不接受一些特定的价值观念，而是在尚未完全理解与接受时就招致青少年的一些敌对行为，进

---

① 周晓虹．文化反哺：变迁社会中的代际革命[M]．北京：商务印书馆，2015：399.

而引发冲突。对此，青少年应当理解成人较为缓慢的理解与接受能力。总的来看，“救救孩子”与“理解成人”，或许应该是人们在网络社会中推进青少年社会化时需要注意和强化的两个呼吁。

为提高学校教育尤其是德育在引导青少年方面的实效性，需要进一步研究的问题主要有以下两个：

一是网络社会中青少年社会规范认同方式与机制方面的相关问题。受到青少年自身状况（如年龄、性别、种族、地域以及与之相应的心理状态等）、社会规范状况（如社会规范的性质、类型、作用范围等）、青少年互动状况（如青少年之间的活动、青少年与成人之间的互动等）等诸多方面的影响，青少年在认同社会规范时拥有丰富的机制与方式。对于上述内容的研究，有助于德育工作者更为细致地了解网络社会中青少年的社会规范认同，进而采用适宜的德育方式与手段。囿于研究方法及研究范式的限制，本研究尚未对青少年社会规范认同进行深入的观察与访谈，因此也就难以了解青少年在进行社会规范认同时所面对的多样因素与动态因素，更无法有效地揭示各种认同机制的丰富性、生动性。由此可见，这个方面的问题需要研究者进行更为深入的分析与探讨。

二是网络社会中青少年主体性如何积极发挥作用的问题。长期以来，教育者在教育教学活动中都存在一种偏差：忽视青少年的主体性。教育者往往将青少年视为“物”而非人，进行管制与约束。在这种思想观念的影响下，青少年处于一种被“圈养”、被“照顾”的状态。他们的权利与诉求，经常性地处于被忽视的状态。随着社会的发展尤其是网络社会的到来，青少年的主体性已经为社会所意识到。在这种情况下，多种社会团体呼吁尊重、保护青少年的声音与行动此起彼伏，青少年对于自己的权利也有着非常强烈的诉求和较为频繁的运用。但需要注意的是，受到这种社会观念与趋势的影响，无论是社会大众，还是青少年自身，二者都自觉或不自觉地陷入另外一个误区：

忽视青少年的责任与担当。如同忽视主体性一样，对于主体性的不恰当强调与运用，同样是一种偏差。按照卡斯特的理解，最根本的解放是“人们从不加批评的坚持和固执中解放他们自己”[①]。因此，如何有效地避免这两种偏差，进而发展出一种正确的青少年主体性，尚需要研究者进行长期的思考与探索。

网络社会中青少年的社会规范认同，看似是一种对于社会的“悖离”和“不认同”（即面对既有的社会规范，青少年并不完全认同甚至完全不认同），但从实质上看，这种悖离并非指青少年远离了其所生存的社会。严格地说，青少年所悖离的，实际上是成人所构建的、在青少年看来不甚合理的社会与社会规范，而非“社会”本身。在社会生活中，青少年依据社会发展与个体经验，逐渐“建构”出一套适合自己的意义系统，并以不完全遵照成人社会安排或者想象的方式将自己“拼贴”进整个社会中。换言之，网络社会中青少年仍然认同社会规范内容与体系。只不过，这种社会规范不再是自居为社会主宰者——成人——所制定的规范，而是青少年建构之后的社会规范。由此可以说，网络社会中青少年的社会规范认同依然是以融入社会为基点的。在认同的过程中，他们与成人社会保持着一种“貌离”却“神合”的状态。因此，成人与青少年之间的相互理解以及他们对于社会生活及其规范的共同建构与认同，应当成为教育与社会发展的新方向。

---

① 曼纽尔·卡斯特. 千年终结[M]. 夏铸九，等，译. 北京：社会科学文献出版社，2006：341.

参考文献

中文文献：

[1] 阿尔温·托夫勒．权力变移 [M]. 周敦仁，等，译．成都：四川人民出版社，2001.

[2] 埃米尔·涂尔干．道德教育 [M]. 陈光金，沈杰，朱谐汉，译．上海：上海人民出版社，2006.

[3] 埃米尔·涂尔干．社会分工论 [M]. 渠东，译．北京：生活·读书·新知三联书店，2000.

[4] 埃米尔·涂尔干．社会学方法的准则 [M]. 狄玉明，译．北京：商务印书馆，1995.

[5] 艾迪特·施泰因．论移情问题 [M]. 张浩军，译．上海：华东师范大学出版社，2014.

[6] 安东尼·吉登斯．社会的构成 [M]. 李康，李猛，译．北京：生活·读书·新知三联书店，1998.

[7] 安东尼·吉登斯．超越左与右 [M]. 李惠斌，杨雪冬，译．北京：社会科学文献出版社，2000.

[8] 安东尼·吉登斯．社会理论的核心问题 [M]. 郭忠华，徐法寅，译．上海：上海译文出版社，2015.

[9] 安东尼·吉登斯．社会学 [M]. 赵旭东，译．北京：北京大学出版社，2015.

[10] 安东尼·吉登斯．现代性与自我认同 [M]. 赵旭东，方文，译．北京：生活·读书·新知三联书店，1998.

[11] 芭芭拉·亚当．时间与社会理论 [M]. 金梦兰，译．北京：北京师范大

学出版社，2009.

[12] 彼得·伯格，托马斯·卢克曼 . 现实的社会构建 [M]. 汪涌，译 . 北京：北京大学出版社，2009.

[13] 波林·罗斯诺 . 后现代主义与社会科学 [M]. 张国清，译 . 上海：上海译文出版社，1998.

[14] 查尔斯·蒂利 . 集体暴力的政治 [M]. 谢岳，译 . 上海：上海世纪出版集团，2006.

[15] 查尔斯·泰勒 . 自我的根源：现代认同的形成 [M]. 韩震，等，译 . 南京：译林出版社，2001.

[16] 大卫·里斯曼 . 孤独的人群 [M]. 王崑，朱虹，译 . 南京：南京大学出版社，2002.

[17] 丹尼斯·麦奎尔 . 受众分析 [M]. 刘燕南，等，译 . 北京：中国人民大学出版社，2017.

[18] 道格拉斯·凯尔纳，斯蒂文·贝斯特 . 后现代理论——批判性的质疑 [M]. 张志斌，译 . 北京：中央编译出版社，2011.

[19] 道格拉斯·凯尔纳 . 媒体文化——介于现代与后现代之间的文化研究、认同性与政治 [M]. 丁宁，译 . 北京：商务印书馆，2013.

[20] 迪克·赫伯迪格 . 亚文化：风格的意义 [M]. 陆道夫，胡疆锋，译 . 北京：北京大学出版社，2009.

[21] 多米尼克·卡尔顿，法比安·格朗荣 . 媒介行动主义者 [M]. 许铁兵，徐海燕，刘格非，译 . 北京：社会科学文献出版社，2015.

[22] 弗兰克·施尔玛赫 . 网络至死 [M]. 邱袁炜，译 . 北京：龙门书局，2011.

[23] 格·普·阿波斯托尔. 当代资本主义 [M]. 北京 : 生活 · 读书 · 新知三联书店，1979.

[24] 古斯塔夫·勒庞 . 乌合之众 [M]. 冯克利，译 . 北京：中央编译出版社，2005.

[25] 汉娜·阿伦特 . 人的境况 [M]. 竺乾威，等，译 . 上海 : 上海人民出版社 ,1999.

[26] 亨利·詹金斯.融合文化：新媒体和旧媒体的冲突地带[M].杜永明，译.北京：商务印书馆，2012.
[27] 简·梵·迪克.网络社会（第三版）[M].北京：清华大学出版社，2020.
[28] 雷蒙·阿隆.社会学主要思潮[M].葛志强，等，译.北京：华夏出版社，2000.
[29] 李·雷尼，巴里·威尔曼.超越孤独：移动互联网时代的生存之道[M].杨伯溆，高崇，等，译.北京：中国传媒大学出版社，2015.
[30] 理查德·哈什，约翰·米勒，格林·菲尔丁.德育教育模式[M].傅维利，王念泉，董畹倩，译.北京：学术期刊出版社，1989.
[31] 克洛德·列维-斯特劳斯.野性的思维[M].李幼蒸，译.北京：商务印书馆，1987.
[32] 路易斯·拉思斯.价值与教学[M].谭松贤，译.杭州：浙江教育出版社，2003.
[33] 罗伯特·斯考博，谢尔·伊斯雷尔.即将到来的场景时代[M].赵乾坤，周宝曜，译.北京：北京联合出版公司，2014.
[34] 洛克.政府论（下）[M].叶启芳，瞿菊农，译.北京：商务印书馆，1964.
[35] 马丁·L.霍夫曼.移情与道德发展[M].杨韶刚，万明，译.哈尔滨：黑龙江人民出版社，2003.
[36] 马克·斯波特.信息方式——后结构主义与社会语境[M].范静哗，译.北京：商务印书馆，2000.
[37] 马克斯韦尔·麦库姆斯.议程设置：大众媒介与舆论[M].郭镇之，等，译.北京：北京大学出版社，2008.
[38] 马歇尔·伯曼.一切坚固的东西都烟消云散了：现代性体验[M].徐大建，等，译.北京：商务印书馆，2003.
[39] 迈克尔·A.豪格，多米尼克·阿布拉姆斯.社会认同过程[M].高明华，译.北京：中国人民大学出版社，2011.
[40] 曼纽尔·卡斯特.千年终结[M].夏铸九，等，译.北京：社会科学文

献出版社，2006.

[41] 曼纽尔 · 卡斯特 . 认同的力量 [M]. 曹荣湘，译 . 北京：社会科学文献出版社，2006.

[42] 曼纽尔 · 卡斯特 . 网络社会的崛起 [M]. 夏铸九，等，译 . 北京：社会科学文献出版社，2006.

[43] 米兰达 · 布鲁斯 - 米特福德，菲利普 · 威尔金森 . 符号与象征 [M]. 周继岚，译 . 北京：生活 · 读书 · 新知三联书店，2012.

[44] 米歇尔 · 福柯 . 规训与惩罚 [M]. 刘北成，杨远婴，译 . 北京：生活 · 读书 · 新知三联书店，2003.

[45] 内尔 · 诺丁斯 . 学会关心——教育的另一种模式 [M]. 于天龙，译 . 北京：教育科学出版社，2003.

[46] 尼尔 · 波兹曼 . 技术垄断：文化向技术投降 [M]. 何道宽，译 . 北京：北京大学出版社，2007.

[47] 尼古拉 · 尼葛洛庞帝 . 数字化生存 [M]. 胡泳，范海燕，译 . 海口：海南出版社，1997.

[48] 尼克 · 比尔顿 . 翻转世界——互联网思维与新技术如何改变未来 [M]. 王惟芬，等，译 . 杭州：浙江人民出版社，2014.

[49] 欧内斯特 · 内格尔 . 科学的结构 [M]. 徐向东，译 . 上海：上海译文出版社，2002.

[50] 齐格蒙特 · 鲍曼 . 生活在碎片之中——论后现代道德 [M]. 郁建兴，等，译 . 学林出版社，2002.

[51] 乔尔 · S. 米格代尔 . 强社会与弱国家——第三世界的国家社会关系及国家能力 [M]. 张长东，等，译 . 南京：江苏人民出版社，2012.

[52] 乔纳森 · 特纳 . 社会学理论的结构（下）[M]. 邱泽奇，等，译 . 北京：华夏出版社，2001.

[53] 乔治 · 凯兴斯泰纳. 凯兴斯泰纳教育论著选 [M]. 郑惠卿，译. 北京：人民教育出版社，1993.

[54] 让 - 弗朗索瓦 · 利奥塔尔 . 后现代状态：关于知识的报告 [M]. 车槿山，译 . 北京：生活 · 读书 · 新知三联书店，1997.

[55] 塞尔日・莫斯科维奇 . 社会表征 [M]. 管健，等，译 . 北京：中国人民大学出版社，2011.
[56] 托马斯・雅诺斯基 . 公民与文明社会 [M]. 柯雄，译 . 沈阳：辽宁教育出版社，2000.
[57] 威廉・A. 科萨罗 . 童年社会学（第二版）[M]. 程福财，等，译 . 上海：上海社会科学院出版社，2014.
[58] 西里尔・E. 布莱克 . 比较现代化 [M]. 杨豫，等，译 . 上海：上海译文出版社，1996.
[59] 尤尔根・哈贝马斯 . 合法化危机 [M]. 刘北成，曹卫东，译，上海：上海人民出版社，2000.
[60] 约翰・费斯克 . 理解大众文化 [M]. 王晓珏，宋伟杰，译 . 北京：中央编译出版社，2001.
[61] 约翰・哈特利 . 数字时代的文化 [M]. 李士林，黄晓波，译 . 杭州：浙江大学出版社，2014.
[62] 班建武 . 捍卫公民身份的完整性 [J]. 教育学报，2013，2.
[63] 蔡骐 . 大众传播时代的青少年亚文化 [M]. 长沙：岳麓书社，2011.
[64] 蔡文之 . 网络传播革命：权力与规制 [M]. 上海：上海人民出版社，2011.
[65] 曾晓强 . 大学生道德认同、亲社会行为及影响因素研究 [J]. 重庆工商大学学报：社会科学版，2012，4.
[66] 陈比 . 网络动员中的互动行为研究 [J]. 学理论，2013，26.
[67] 陈嘉明 . 现代性与后现代性十五讲 [M]. 北京：北京大学出版社，2006.
[68] 陈开琦，黄聪 . 法律权利的道德争论——关于权利来源的两种思考 [J]. 云南师范大学学报：哲学社会科学版，2014，6.
[69] 邓志强 . 网络时代青年的社会认同困境及应对策略 [J]. 中国青年研究，2014，2.
[70] 丁水木 . 论先赋角色与自致角色 [J]. 学术月刊，1988，12.
[71] 董毓 . 批判性思维原理和方法 [M]. 北京：高等教育出版社，2010.
[72] 方玲玲 . 新媒体与社会变迁 [M]. 上海：复旦大学出版社，2014.

[73] 方文 . 学科制度与社会认同 [M]. 北京：中国人民大学出版社，2008.
[74] 付宏 . 基于社会化媒体的公民政治参与 [M]. 北京：国家行政学院出版社，2014.
[75] 傅其林 . 宏大叙事批判与多元美学建构 [M]. 哈尔滨：黑龙江大学出版社，2011.
[76] 高丙中，袁瑞军 . 中国公民社会发展蓝皮书 [M]. 北京：北京大学出版社，2008.
[77] 高惠珠 . 科技革命与社会变迁 [M]. 上海：学林出版社，1999.
[78] 谷振诣 . 批判性思维辨析 [J]. 哲学研究，2003 增刊 .
[79] 管健 . 身份污名与认同融合 [M]. 北京：社会科学文献出版社，2012.
[80] 郭景萍 . 情感社会学：理论 · 历史 · 现实 [M]. 上海：上海三联书店，2008.
[81] 海然热 . 语言人：论语言学对人文科学的贡献 [M]. 张祖建，译 . 上海：上海三联书店，1999.
[82] 何精华 . 网络空间的政府治理 [M]. 上海：上海社会科学院出版社，2006.
[83] 何明升 . 网络社会学导论 [M]. 北京：北京大学出版社，2020.
[84] 贺来 . 超越理想主义与犬儒主义的“辩证法”——对当代中国人精神生活的分析 [J]. 学术月刊，2014，1.
[85] 贺善侃 . 网络时代：社会发展的新纪元 [M]. 上海：上海辞书出版社，2004.
[86] 胡泳 . 网络政治：当代中国社会与传媒的行动选择 [M]. 北京：国家行政学院出版社，2014.
[87] 黄金兰 . 民间规则的认同模式及其意义 [J]. 山东大学学报，2007，3.
[88] 黄少华，翟本瑞 . 网络社会学：学科定位与议题 [M]. 北京：中国社会科学出版社，2006.
[89] 黄少华 . 网络社会学的基本议题 [M]. 杭州：浙江大学出版社，2013.
[90] 贾馥茗，等 . 教育学方法论 [M]. 南京：江苏教育出版社，2008.
[91] 蓝维，高峰，吕秋芳，等 . 公民教育：理论、历史与实践探索 [M]. 北

京：人民出版社，2007.
[92] 李本乾 . 中国大众传媒议程设置功能研究 [M]. 兰州：甘肃人民出版社，2002.
[93] 李冰清．网络时代的缺场交往与社会认同 [D]．吉林大学硕士学位论文，2013.
[94] 李红 . 网络公共事件：符号、对话与社会认同 [M]. 北京：中国社会科学出版社，2015.
[95] 李莉 . 国家形象塑造与社会认同 [J]. 党政干部学刊，2013，1.
[96] 李庆真 . 生活在网络化时代的我们——网络化时代青年文化发展趋势研究 [M]. 杭州：浙江大学出版社，2014.
[97] 李树培 . 打破技术迷思：儿童媒介素养教育的重要视角 [J]. 全球教育展望，2015，9.
[98] 李晓辉 . 公域与私域的划分及其内涵 [J]. 哈尔滨商业大学学报：社会科学版，2003，4.
[99] 李昕，赵铭恕 . 真实的消亡——鲍德里亚“超真实”的后现代文化逻辑分析 [J]. 湖北社会科学，2007，3.
[100] 李友梅，肖瑛，黄晓春 . 社会认同：一种结构视野的分析 [M]. 上海：上海人民出版社，2007.
[101] 联合国教科文组织 . 反思教育：向“全球共同利益”的理念转变？[M]. 北京：教育科学出版社，2017.
[102] 林晖 . 重构解读框架：网络时代的主流媒体与中国社会共识 [J]. 现代传播（中国传媒大学学报），2013，2.
[103] 刘磊 . 发现“我”与认同“我们”——公民诞生视角下的公民教育 [J]. 教育研究，2016，2.
[104] 刘少杰 . 后现代西方社会学理论（第二版）[M]. 北京：北京大学出版社，2014.
[105] 刘少杰 . 网络化时代的权力结构变迁 [J]. 江淮论坛，2011，5.
[106] 刘少杰 . 网络化时代社会认同的深刻变迁 [J]. 中国人民大学学报，2014，5.

[107] 刘少杰 . 网络社会的结构变迁与演化趋势 [M]. 北京：中国人民大学出版社，2019.

[108] 刘铁芳 . 公共生活与公民教育：学校公民教育的哲学研究 [M]. 北京：教育科学出版社，2013.

[109] 刘英杰 . 作为意识形态的科学技术 [M]. 北京：商务印书馆，2011.

[110] 刘云杉 . 从启蒙者到专业人——中国现代化历程中教师角色的演变 [M]. 北京：北京师范大学出版社，2006.

[111] 刘云杉 . 学校生活社会学 [M]. 南京：南京师范大学出版社，2000.

[112] 鲁洁 . 超越性的存在——兼析病态适应的教育 [J]. 华东师范大学学报：教育科学版，2007，4.

[113] 陆玉林 . 当代中国青年文化研究 [M]. 北京：人民出版社，2009.

[114] 吕本修 . 网络道德问题研究 [M]. 北京：中国社会科学出版社，2012.

[115] 梅萍 . 国外公民道德认同的方式及其启示 [J]. 教育科学，2008，2.

[116] 孟华 . 修辞学命名理论 [J]. 汉语学习，1998，2.

[117] 商务印书馆辞书研究中心 . 新华词典 [Z]. 北京：商务印书馆，2001.

[118] 沈湘平 . 理性与秩序——在人学的视野中 [M]. 北京：北京师范大学出版社，2003.

[119] 师曾志，胡泳，等 . 新媒介赋权及意义互联网的兴起 [M]. 北京：社会科学文献出版社，2014.

[120] 师曾志，金锦萍 . 新媒介赋权：国家与社会的协同演进 [M]. 北京：社会科学文献出版社，2013.

[121] 石义彬 . 单向度、超真实、内爆——批判视野中的当代西方传播思想研究 [M]. 武汉：武汉大学出版社，2003.

[122] 司汉武 . 技术与社会 [M]. 北京：知识产权出版社，2013.

[123] 宋小卫 . 西方学者论媒介素养教育 [J]. 国际新闻界，2000，4.

[124] 苏晓芳 . 仿像教学：网络时代的教师行为延伸 [J]. 大学教育科学，2012，4.

[125] 孙抱弘 . 从“人”到“好人”——公共生活与青少年品德养成 [M]. 哈尔滨：黑龙江教育出版社，2013.

[126] 孙慕天 . 论世界 [J]. 自然辩证法通讯，2000，4.
[127] 檀传宝 . 德性只能由内而外地生成 [J]. 清华大学教育研究，2001，3.
[128] 檀传宝 . 论“公民”概念的特殊性与普适性——兼论公民教育概念的基本内涵 [J]. 教育研究，2010，5.
[129] 檀传宝 . 学校道德教育原理 [M]. 北京：教育科学出版社，2000.
[130] 陶蕴芳 . 网络社会中群体政治认同机制的发生与引导 [J]. 中州学刊，2012，1.
[131] 万增奎 . 道德同一性的心理学研究 [M]. 上海：上海教育出版社，2009.
[132] 汪德宁. “超真实”的符号世界—鲍德里亚的文化理论研究 [D]. 上海师范大学博士学位论文，2008.
[133] 汪天文 . 社会时间研究 [M]. 北京：中国社会科学出版社，2004.
[134] 王成兵 . 当代认同危机的人学解读 [M]. 北京：中国社会科学出版社，2004.
[135] 王冠 . “网络社会”概念的社会学建构 [J]. 学习与实践，2013，11.
[136] 王健敏 . 关于社会规范认同教学模式的研究 [J]. 心理发展与教育，1997，4.
[137] 王健敏 . 社会规范认同学习中的随机性教学研究 [J]. 教育研究与实验，1997，3.
[138] 王健敏 . 社会规范学习认同心理过程研究 [J]. 教育研究，1998，1.
[139] 王经涛，王俊英 . 青少年网络道德教育 [M]. 北京：开明出版社，2001.
[140] 王民安，陈永国，马海良 . 后现代性的哲学话语：从福柯到赛义德 [M]. 杭州：浙江人民出版社，2000.
[141] 王宁 . 消费社会学（第二版）[M]. 北京：社会科学文献出版社，2011.
[142] 王宁 . 自目的性和新部落主义：消费社会学研究的新范式 [J]. 人文杂志，2017，2.
[143] 王秀敏 . 个性道德与理性秩序 [M]. 哈尔滨：黑龙江大学出版社，2011.
[144] 魏干 . 谁造就了“精致的利己主义者”[J]. 民主与科学，2012，2.
[145] 魏宏歆 . 网络与青少年社会化 [J]. 公安大学学报，2001，3.
[146] 吴康宁 . 教会选择：面向 21 世纪的我国学校道德教育的必由之

路——基于社会学的反思 [J]. 华东师范大学学报：教育科学版，1999，3.

[147] 伍庆 . 消费社会与消费认同 [M]. 北京：社会科学文献出版社，2009.

[148] 谢金林 . 情感与网络抗争动员 [J]. 公共管理学报，2012，1.

[149] 谢新洲，安静，田丽 . 社会动员的新力量：关于微博舆论传播的调查与思考 [N]. 光明日报，2013-01-29(15).

[150] 辛自强，池丽萍 . 社会变迁中的青少年 [M]. 北京：北京师范大学出版社，2008.

[151] 许敏 . 基于协商民主的网络群体性事件治理研究 [M]. 上海：上海交通大学出版社，2015.

[152] 许知远 . 单向街 001：最愚蠢的一代？ [M]. 南京：凤凰出版社，2009.

[153] 阎云翔 . 中国社会的个体化 [M]. 陆洋，译 . 上海：上海译文出版社，2016.

[154] 杨树森 . 普通逻辑学（修订第三版）[M]. 合肥：安徽大学出版社，2005.

[155] 姚建平 . 消费认同 [M]. 北京：社会科学文献出版社，2006.

[156] 叶涯剑 . 空间重构的社会学解读——黔灵山的历程与言说 [M]. 北京：中国社会科学出版社，2013.

[157] 于海 . 西方社会思想史 [M]. 上海：复旦大学出版社，2016.

[158] 詹骞 . 大学生微博定制化传播中的认同研究 [J]. 当代传播，2013，5.

[159] 张建伟，孙燕青 . 建构性学习 [M]. 上海：上海教育出版社，2005.

[160] 张静 . 基层政权：乡村制度诸问题 [M]. 杭州：浙江人民出版社，2000.

[161] 张宁 . 媒介社会学：信息化时代媒介现象的社会学解读 [M]. 广州：中山大学出版社，2010.

[162] 张绍杰 . 语言符号任意性研究 [M]. 上海：上海外语教育出版社，2004.

[163] 张艳秋 . 理解媒介素养：起源、范式与路径 [M]. 北京：人民出版社，2012.

[164] 张之沧 . 从世界 1 到世界 4[J]. 自然辩证法研究，2001，12.

[165] 郑杭生 . 社会学概论新修（第三版）[M]. 北京：中国人民大学出版社，

2003.
[166] 郑乐平 . 超越现代主义与后现代主义——论新的社会理论空间之建构 [M]. 上海：上海教育出版社，2008.
[167] 郑晓明 . 异文化圈社会规范层次结构模型的比较研究 [M]. 北京：经济科学出版社，2003.
[168] 中共中央马克思恩格斯列宁斯大林著作编译局 . 马克思恩格斯文集（第 1 卷）[M]. 北京：人民出版社，2009.
[169] 中国大百科全书编辑委员会 . 中国大百科全书 • 社会学 [M]. 北京：中国大百科全书出版社，1991.
[170] 中国青少年研究中心，等. 新媒介空间中的青少年文化新特征 [J]. 中国青年研究，2016，7.
[171] 钟瑛 . 网络传播管理研究 [M]. 北京：中国社会科学出版社，2014.
[172] 周成龙 . 网络社会的价值认同与价值冲突 [J]. 理论探索，2009，2.
[173] 周俊，毛湛文 . 网络社区中用户的身份认同建构 [J]. 当代传播，2012，1.
[174] 周晓虹 . 文化反哺：变迁社会中的代际革命 [M]. 北京：商务印书馆，2015.
[175] 周云水，赵金才 . 亲密关系的变革："基友"的现实表现及其理论蕴含 [J]. 青年研究，2015，2.
[176] 朱大可，张闳 .21 世纪中国文化地图（第二卷）[M]. 桂林：广西师范大学出版社，2003.
[177] 庄平 . 社会规范系统的结构与机制 [J]. 社会学研究，1998，4.

英文文献：

[1] Aquino K, Reed A. The self-importance of moral identity[J]. Journal of Personal and Social Psychology, 2002, 83:1423-1440.
[2] Brewer M B.Self and social identity[M]. Malden, MA: Blackwell, 2004.
[3] Bucher A A.The influence of models in forming moral identity[J]. International Jounral of Education Research, 1998, 27: 619-1627.

[4] Capozza D. Social identity processes: trends in theory and research[M]. London: SAGE Publications, 2000.

[5] Christoforou A.Social capital and economics: social values, power, and social identity[M]. New York: Routledge, 2014.

[6] Cornford J. Putting the university online: information technology and organizational change[M]. Buckingham: Society for Research into Higher Education & Open University, 2003.

[7] Davis J E. Identity and social change[M]. New Brunswick: Transaction Publishers, 2000.

[8] Day A. Believing in belonging: belief and social identity in the modern world[M]. New York: Oxford University Press, 2011.

[9] Deaux K, Philogene G. Social Representations: introductions and Explorations[M]. Oxford: Blackwell, 2000.

[10] Dijk J Van. The Network Society[M]. London: SAGE, 2012.

[11] Drucker P F. Managing in a time of great change[M]. Boston: Harvard Business Press, 2009.

[12] Hart D. The development of moral identity[J]. Nebraska Symposium on Motivation, 2005, 51: 165.

[13] Hart D. Adding identity to the moral domin[J]. Human Development, 2005, 48: 257-261.

[14] Ispas A. Psychology and politics:a social identity perspective[M]. London: Psychology Press, 2013.

[15] Jenkins R. Social identity[M]. New York: Routledge, 2008.

[16] Krumsvik, Rune J. Learning in the network society and the digitized school[M].New York: Nova Science Publishers, 2009.

[17] Lapsley D K. Moral self-identity as the aim of education. In: NucciL Narvaez D, Eds. Handbook of Moral and Character Education[M]. Mahwah, NJ: Lawrence Erlbaum Associates, 2008: 1-21.

[18] McFarland D, Pals H. Motives and Contexts of identity change: A case for

network effects[J]. Social psychology quarterly, 2005, 4: 289-315.

[19] Rhee M, Kim T. Identity-based learning and segregation in social networks under different institution environments[J]. Computation and Mathematical Organization Theory, 2014, 4: 339-368.

[20] Niens, Ulrike, Cairns, et al. Explaining social change and identity management strategies: new directions for future research[J]. Theory Psychology, 2003, 13: 489-509.

[21] Perumal J. Identity, diversity and teaching for social justice[M]. New York: Peter Lang, 2007.

[22] Reconstructing the lifelong learner: pedagogy and identity in individual, organizational and social change[M]. New York: RoutledgeFalmer, 2003.

[23] Reed A, Aquino K. Moral identity and the expanding circle of moral regard toward out-groups[J]. Journal of Personal and Social Psychology, 2003, 84: 1270-1286.

[24] Reynolds T. Young people, social capital and ethnic identity[M]. New York: Routledge, 2011.

[25] Shotter J. The social construction of our inner selves[J]. Journal of Constructive Psychology, 1997, 10: 7-24.

[26] Youniss J, Yates M.Youth service and moral-civic identity: A case for everyday morality[J]. Educational Psychology Review, 1999, 11: 117-130.

后　记

这是以我的博士学位论文为基础完善而成的一本著作。

在我看来，如何引导深受网络影响的青少年实现社会认同，是当代德育的重大任务，也是一个亟须加以细致探讨的教育问题。从认同方面看，青少年如何对待他们所面对的社会，不仅会影响青少年的自我认识，还会对社会的发展产生深远影响。从网络角度看，网络对青少年的社会认同带来的挑战、冲击是全方位的，不仅涉及认同的方式、路径等内容，还包括认同的立场、观念等方面。

本书主要从社会认同的重要方面（我认为也是非常关键的部分）——社会规范认同入手进行了相关分析。在研究过程中，我偶有“小得意”，更多的感受却是“困惑”与“纠结”。好在，诸多力量温暖、激励着我。我时常想起读书期间在导师檀传宝教授家中喝茶、阅读、交流的情景，以及毕业后老师和好友们在交流中对我的肯定、鼓励、期待。

北京师范大学的图书馆给了我很多美好的回忆。那是我见过、体验过的最用心、最温馨的图书馆。我的博士学位论文就是在那里完成的。彼时，我习惯于闭馆时离开图书馆，重要原因之一是自己非常喜欢闭馆时响起的音乐。毕业后才发现，这段音乐是有歌词的。

你还记得吗
当时的月亮
高挂在海中央
和今晚一样
当时说的话
我早忘了呀
闭上眼都是你

幸福的模样

路走了很长

难免总受伤

走过了回头望

天空多晴朗

那眼角的泪光

是青春的代价

流的泪 在心上

开出一朵花

当时的愿望

天真的幻想

像是风筝转呀转

如今飞到何方

浙江教育出版社的编辑团队为本书的出版提供了非常细致、专业的建议，向他们表示感谢。没有他们的勤勉工作，书稿可能无法这么快地出版。

很怀念那段读书的时光。

很感激那些可爱的贵人。

孔祥渊

2021 年 7 月于莲花山脚下